Wege zur Quelle

Horst Ibetsberger, Hans Steyrer
und Ewald Hejl
(Herausgeber)

Natur- und Kulturerlebnisführer der Universität Salzburg

Band 4

Verlag Dr. Friedrich Pfeil, München, 2016

Bibliografische Information der Deutschen Nationalbibliothek

Die Deutsche Nationalbibliothek verzeichnet diese Publikation
in der Deutschen Nationalbibliografie;
detaillierte bibliografische Daten sind im Internet über http://dnb.dnb.de abrufbar.

**UNIVERSITÄT
SALZBURG**

Titelbild

Der Gollinger Wasserfall (auch Schwarzbachfall genannt) liegt am Nordfuß des Göllmassivs im Nordwesten der Tennengauer Gemeinde Golling. Er besteht aus zwei hintereinander liegenden Wasserfällen mit einer Fallhöhe von 76 Metern. Das Gelände des bedeutendsten Naturdenkmals des Tennengaus ist durch Wandersteige bestens erschlossen.

Seite 1

Das Wasser, das den Gollinger Wasserfall speist, entspringt einer Riesenkarstquelle, die das sonst sehr quellarme Göllmassiv entwässert. Das Höhlenportal der Quelle liegt auf 580 Metern Seehöhe. Die Quelle weist enorme Schüttungsschwankungen auf. Im Winter fließen oft nur 20 bis 30 Liter pro Sekunde aus tiefer gelegenen Nebenaustritten, bei Hochwasserereignissen hingegen wurden Abflussmengen von 15 000 bis 20 000 Litern pro Sekunde beobachtet und gemessen.

Rückseite

Um sich an ein besonderes Ereignis oder an ein Versprechen zu erinnern, macht man sich seit jeher Zeichen unterschiedlichster Art. Eines davon ist der Knoten. Warum nicht auch die Stämme von Bäumen verknoten und so einen Ort der Erinnerung schaffen? Beim Strandbad am Ibmer / Heratinger See im Innviertel / Oberösterreich ist das durch den Künstler und Unternehmer ALEXANDER HUEMER *geschehen. Er hat für die Installation »Verknotung« auf die Stämme vorhandener Bäume Knoten modelliert und damit ein unwirkliches, fast märchenhaftes Bild erzeugt.*

Copyright © 2016 by Verlag Dr. Friedrich Pfeil, München

Dr. Friedrich Pfeil, Wolfratshauser Str. 27, 81379 München

www.pfeil-verlag.de

Alle Rechte vorbehalten

Druck: PBtisk a.s., Příbram I – Balonka

Printed in the European Union

ISBN 978-3-89937-206-9

Inhalt

3

Vorwort der Herausgeber

Nachdem in den ersten drei Bänden Frauen als Autorinnen einfach zu kurz gekommen sind, lassen wir dieses Mal bei Band 4 »Wege zur Quelle« ausnahmslos Frauen zu Wort kommen. Fast ausnahmslos, denn die Herausgeber und damit die Verfasser dieses Vorwortes sind Männer! Wir hätten es uns anders gewünscht, denn für unseren nach Bonn weitergezogenen Kollegen LOTHAR SCHROTT haben wir eine Frau gesucht, uns in der Herausgeberschaft zu unterstützen. Aber das ist nicht so einfach! Wir haben viele Frauen angesprochen, erhielten aber leider nur Absagen. Die angesprochenen Frauen wollten sich nicht »noch zusätzlich belasten«. Hätten wir einen Mann gesucht, wäre es vielleicht einfacher gewesen. Es wird doch hoffentlich nicht an uns liegen?

Warum? Als wir Autorinnen für diesen Band gesucht haben – was zwar auch etwas schwierig war – haben wir viele begeistern können. Auch unser erstes gemeinsames Herausgeber-Autorinnen-Gespräch, das im Herbst 2014 im Weiserhof (Salzburg) stattfand, verlief sehr harmonisch und in entspannter Atmosphäre. Wenige Monate später langten bereits die ersten Manuskripte bei uns ein. Man kann kurz und bündig sagen, alles funktionierte wirklich sehr gut – alle hatten großen Spaß bei der Arbeit, alle freuten sich auf das Buch!

Bei dieser Zusammenkunft spielte die Frage »Wandern Frauen anders?« eine wesentliche Rolle. Wir als Männer getrauen uns nicht, ein Urteil abzugeben, sondern möchten dazu nur anmerken: Männer wandern wahrscheinlich weniger, hetzen manchmal eher durch die Landschaft, oft um etwas zu beweisen oder nur um oben eine frische Halbe Bier zu zischen. Frauen hingegen wandern wirklich – zu zweit oder in Gruppen werden viele Themen »durchgehechelt« (= während des Gehens bei wenig Luft und rasch erzählt), und am Ziel angelangt geht der gemütliche Plausch weiter, das Erlebte wird besprochen, zukünftiges geplant. Gerne bei einem Topfenstrudel.

Zur Interpretation: Frauen nehmen den Raum, den sie durchwandern, bewusster wahr und speichern und verarbeiten ihre Erlebnisse bewusster als Männer, die dem Bier am Ziel – im Vergleich zur Wahrnehmung des Raumes – deutlich mehr Bedeutung beimessen (wir sprechen aus jahrzehntelanger Wandererfahrung). Früher belohnte man sich zudem noch mit einer Gipfelzigarette, aber seit wir wissen, dass Rauchen der Gesundheit schadet …

Wie immer kann man diese Schemata nicht verallgemeinern, aber oftmals verhält es sich so (… zumindest bei Männern). Ob das für Frauen auch stimmt, müssen unsere geschätzten Leserinnen und Leser selbst beurteilen. Wir finden schon, dass die Beiträge in diesem Buch einen besonderen, vielleicht einen femininen Touch haben! Sollten Sie es nicht glauben, besorgen Sie sich einen der letzten drei Bände und vergleichen Sie einmal!

PS: Wir freuen uns, wenn wir Ihr Interesse an der Mitherausgeberschaft für unsere Buchreihe geweckt haben!

HORST IBETSBERGER, HANS STEYRER und EWALD HEJL

Wege zur Quelle

Vorwort von ELISABETH KIRCHNER[*]

Der vorliegende, bereits vierte Band einer Reihe von Natur- und Kulturerlebnisführern beschreibt Wege, die zur Quelle führen. Dieser Titel lässt den Autorinnen viel Spielraum und so spannt sich der Bogen von sehr persönlich geprägten Wanderungen über naturwissenschaftlich orientierte bis hin zu Wanderungen mit historischem Hintergrund. In jedem Fall sind es Wanderungen, die von Frauen ausgewählt und beschrieben wurden, woraus sich ein besonderer Charakter ergibt.

Die Autorinnen versuchen, je nach ihrer Fachrichtung und ihren Vorlieben, die Ergebnisse eigener Forschungsarbeiten und Erfahrungen, manchmal auch nur Erlebnisse vereinfacht zu erklären, um sie während einer Wanderung in der Natur den Interessierten näherzubringen. Solche Wanderungen, bei denen man mit den Augen Anderer – der Autorinnen – zum Sehen und Verstehen angeleitet wird, sind zusammen mit eigenen Beobachtungen und Gedanken besonders wirkungsvoll, da emotional. Die Beiträge in diesem Buch können sozusagen als Gespräche zwischen ausgewählten Expertinnen und Wanderern gesehen werden.

Nicht immer können Menschen, die wissenschaftlich arbeiten, ihre Zielsetzung erreichen – zu unterschiedlich und vielseitig sind die Einschränkungen, die sich im Leben ergeben.

Mit kleinen Schritten, Geduld und Ausdauer lässt sich aber doch sehr viel schaffen, wie die liebevoll gestalteten Beiträge zeigen.

Ein Lob den Herausgebern, die es ebenfalls mit Können, Geduld und Ausdauer geschafft haben, 12 Frauen zu ihren Beiträgen zu motivieren, ihnen die Möglichkeit geben, ihre Ideen zu formulieren und in Form dieses außergewöhnlichen Wanderführers, dem ich viel Erfolg wünsche, der Öffentlichkeit zugänglich zu machen.

Univ.-Prof[in] i. R. Dr[in] ELISABETH KIRCHNER

---

[*] Die Mineralogin ELISABETH KIRCHNER war die erste Professorin, die an der Naturwissenschaftlichen Fakultät der Universität Salzburg tätig war, und zwar im seinerzeitigen Institut für Mineralogie und Petrographie, das am 17. März 1969 von HEINZ MEIXNER gegründet wurde.

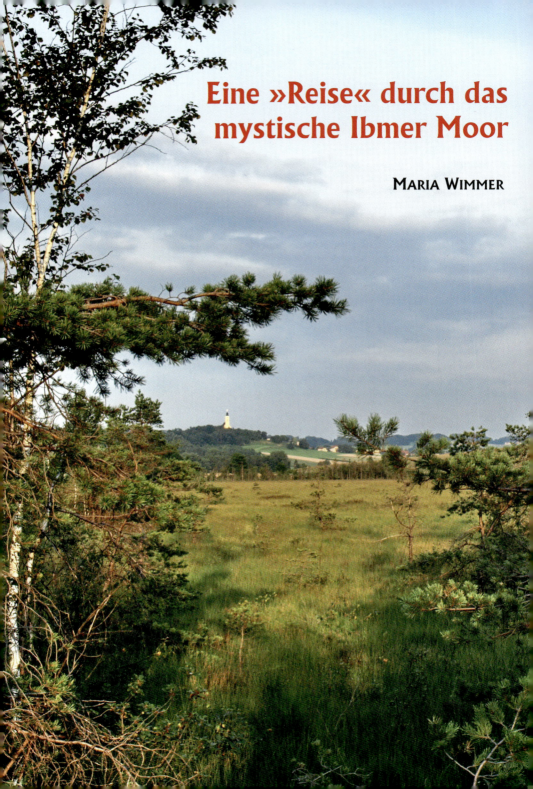

Eine »Reise« durch das mystische Ibmer Moor

Maria Wimmer

Die Wanderung startet im Ort Ibm, 5142 Eggelsberg, am Parkplatz neben dem Kirchlein. Hier beginnt der Moorlehrpfad – Großer Rundweg, Streckenlänge 4,5 km. Die Weglänge für die Wanderung zum Ibmer/Heratinger See mit Barfußweg beträgt zusätzlich 5,5 km. Der Streckenverlauf beinhaltet nur geringe Steigungen. Festes Schuhwerk ist erforderlich.

Anreise von Salzburg über Oberndorf, Lamprechtshausen, Hackenbuch, Ibm.

Einkehrmöglichkeiten: Café Bambi in Ibm, Strandbadbuffet Ibmer/Heratinger See in der Badesaison, Gasthaus Leopolder in Hackenbuch oder laut Informationstafel an den Parkplätzen.

Informationen unter www.seelentium.at, www.moor-ausflug.at

Buchung und Führung: MARIA WIMMER, Tel. 0650 560–4123, natur@seelentium.at, ausflug@aon.at.

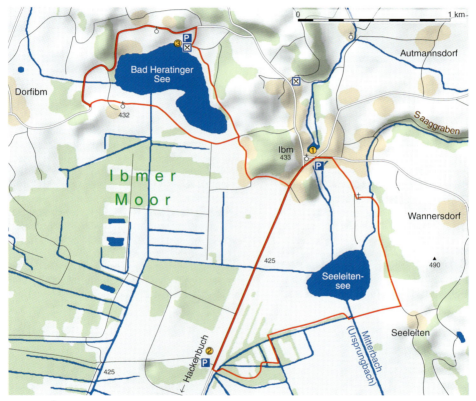

Abb. 2. *Übersichtskarte der Exkursion zum Ibmer Moor. 1, Start der Wanderung beim Parkplatz neben dem Kirchlein von Ibm; 2, Parkplatz Hackenbuchener Straße; 3, Ibmer/Heratinger See.*

◁ **Abb. 1.** *Das größte Moor Österreichs, der Ibm-Bürmoos-Weidmoos-Komplex zwischen Oberösterreich und Salzburg, bietet eine beneidenswerte Fülle an außergewöhnlichen Arten und erstreckt sich über die Gemeinden Bürmoos, St. Georgen und Lamprechtshausen auf der Salzburger Seite und Eggelsberg, Franking und Moosdorf auf oberösterreichischem Gebiet. Vom ehemals 2500 ha großen Moor sind 760 ha als Europaschutzgebiet und 180 ha als Naturschutzgebiet ausgewiesen, und zwar als Vogel- und Pflanzenschutzgebiet.*

Abb. 3. *Der große Brachvogel.*

Für viele Jahrtausende galt das Ibmer Moor als gefährliches, unüberwindbares Land. Zum Glück – denn dadurch wurde eine einzigartige Naturlandschaft, die vor rund 12 000 Jahren entstanden ist, vor Zerstörung bewahrt. Heute zählt das Ibmer Moor zu den wertvollsten Naturjuwelen Österreichs.

Spezielle fleischfressende Pflanzen, seltene Gräser, Blumen und Orchideen gedeihen in den Nieder-, Übergangs- und Hochmoorbereichen. Der Pfeiferanger, die Streuwiesen und der angrenzende Seeleitensee sind wichtige Brutlebensräume für Wiesenvögel wie Brachvogel, Bekassine, Kiebitz, Wiesenpieper, Schwarz- und Blaukehlchen sowie weitere Besonderheiten. Das Ibmer Moor ist ein Pflanzen- und Vogelschutzgebiet von europäischer Bedeutung!

Der naturkundliche Streifzug beginnt im oberösterreichischen Ort Ibm, Gemeinde Eggelsberg, knapp an der Salzburger Landesgrenze.

Auf dem Moorlehrpfad »Großer Rundweg« wandern wir vorbei am Informationshäuschen, lassen den 1863 aus den Steinen des bereits stark verfallenen Ibmer Schlosses erbauten Moorhof rechts liegen und treffen auf den Saaggrabenbach, der mit leisem Gemurmel dem Seeleitensee zustrebt. Im zeitigen Frühjahr sind hier Frühlingsknotenblumen, Leberblümchen, Buschwindröschen usw. in reicher Anzahl anzutreffen. Ein ausgedehntes Auffangbecken, das Feststoffe vom See fernhält, ist ein Tummelplatz für kleine Fische. Wir überqueren den Saaggrabenbach und erreichen einen interessanten Rotbuchen-Hangwald, wo noch die Türkenbundlilie zu finden ist. Nun wandern wir entlang einer artenreichen Hecke – ein Schlaraffenland für viele Vögel – und erreichen die Anhöhe von Seeleiten.

Hier lohnt es sich, die erste Rast einzulegen und in Ruhe die Aussicht zu genießen. Rechter Hand liegt still und verträumt der Seeleitensee inmitten der ausgedehnten Streuwiesen. Fast zu unseren Füßen erstreckt sich der Pfeiferanger mit seinem imposanten Moorgebiet. Gegen Süden bietet sich bei guter Fernsicht ein atemberaubender Blick auf die Alpenkette.

Abb. 4. *Blick von Seeleiten über das Ibmer Moor und den Seeleitensee.*

Ein aufgestelltes Fernrohr ermöglicht es, die Vögel im See und in den Streuwiesen genauer zu beobachten. Hier ist der beste Platz, um die Vogelraritäten des Ibmer Moores kennen zu lernen. Kiebitze brüten in unmittelbarer Nähe des Weges und gaukeln durch die Luft. Auch Brachvögel oder Bekassinen sind hier sehr gut zu beobachten und wir können ihren melodiösen Gesängen lauschen. Mit etwas Glück sehen wir den Graureiher, wenn er mit schwerem Flügelschlag seinem Horst auf einer der Birken in Seenähe zustrebt. Im Frühjahr spazieren Graugänse mit ihren Jungen durch die Wiesenflächen. Auch die Rohrweihe streift auf der Suche nach Nahrung hin und wieder über diese Flächen.

Entstehung der Landschaft: Hier kann auch sehr gut nachempfunden werden, wie diese wundersame Landschaft entstanden ist.

Vor zirka 20 000 Jahren, während der Würm-Eiszeit schob sich ein riesiger Gletscherstrom durch das Salzach- und Saalachtal in das flache Alpenvorland hinaus und teilte sich in mehrere Eiszungen. Die Eismassen schoben breite Wannen aus. Sie transportierten große Mengen an Gesteinsschutt aus den Hohen Tauern und den Kalkalpen ins flache Land und lagerten sie an der Stirnseite als Moränenhügel ab.

Große Temperaturschwankungen bewirkten ein zeitweiliges Vorstoßen und Zurückziehen der Gletscherzungen. Mit der endgültigen Erwärmung schmolzen die Eismassen ab und füllten mit ihrem Schmelzwasser die vom Gletscher ausgeschürften Becken. Einzelne Eisschollen (Toteis) sonderten sich ab und blieben unter den Schottermassen liegen. Kalkschlamm setzte sich ab und bildete eine wasserundurchlässige Schicht. Es entstand ein riesiger See – der Salzburger See, der vom Pass Lueg bis über das heutige Ibmer Moor reichte. Dieser See wurde ständig von Schmelzwässern gespeist. An einigen Stellen wurde der Moränenwall durchbrochen. Dadurch entleerte sich der See. Pflanzenwachstum begann, Schilf und Seggen nahmen dieses sumpfige Gebiet für sich in Anspruch. Torfmoos siedelte sich an und so begann sich das Moor aufzubauen. Die eingeschotterten Toteiskörper schmolzen ebenfalls und sind die Grundlage für unsere heute noch vorhandenen Seen, wie Seeleiten-, Ibmer/Heratinger- und Holzöstersee, die als Toteislöcher bezeichnet werden und die typische Eiszerfalllandschaft rund um Ibm bilden.

Nun zurück zu unserer Wanderung. Nach einer kurzen Talwanderung erreichen wir das Niedermoor, das sich rechter Hand bis zum See hin erstreckt. In diesen Wiesen finden sich viele botanische Besonderheiten wie Mehlprimel, Bitteres Kreuzblümlein, Orchideen, Trollblume, Gelbe Sumpfschwertlilie, Wiesenraute, Teufelskralle, Großer Wiesenknopf, Baldrian, Storchschnabel u.v.m.

Abb. 5. *Weichseebach mit Niedermoorwiese.*

Auf einer kleinen Holzbrücke überschreiten wir den Weichseebach. Nun treten wir ins Moor ein und wandern ein längeres Wegstück entlang eines verfallenen Entwässerungskanals, begleitet von Moorgehölz wie Schwarzerlen, Moorbirken, Traubenkirschen, Weiden, Rotkiefern und unzähligen Faulbaumsträuchern. Torfmoose, die ja für die Bildung von Mooren die wichtigsten Pflanzen sind, überwuchern ganze Flächen.

Diese Torfmoose der Gattung *Sphagnum* wachsen an der dem Licht ausgesetzten Oberfläche immer weiter, ihre unteren, abgedunkelten Teile sterben ab, werden allmählich zu Torf umgewandelt und bauen auf diese Weise den Moorkörper auf. Bei günstigen Wachstumsbedingungen kann so pro Jahr ein Millimeter Torf entstehen. Viele Sumpflöcher, ausgedehnte Torfmoospolster und seltsam aussehende Totholzbäume vermitteln einen mystischen Eindruck. Ein kleiner abgeplankter Hochmoorbereich mit einer Sitzbank lädt zum Innehalten und Entspannen ein. Ein wunderschöner Hochmoorteppich breitet sich vor unseren Augen aus. Torfmoose und Schnabelbinsen bilden die Basis dieses Moortyps. Einzelne Erhebungen (Bulte) aus Torfmoos, Rosmarienheide, Moosbeere und Heidekraut verleihen dieser Fläche ein besonders reizvolles Aussehen.

Auf sumpfigem Grund entdecken wir bereits die ersten fleischfressenden Pflanzen – den Rundblättrigen und den Mittleren Sonnentau. Zum Glück für Menschen völlig ungefährlich! Der Rundblättrige Sonnentau sitzt auf Moospolstern, der Mittlere Sonnentau bewohnt die Ränder der Moorlöcher. Diese Pflanzen sind Sonnenkinder und als Leimrutenleger ganz vortrefflich ausgestattet. Die Blätter bilden über dem Boden eine Rosette. Sie sind mit kurzen, rötlichen Drüsenhaaren bestückt, an deren Ende klebrige Tröpfchen sitzen. Insekten werden durch das Glitzern angelockt und lassen sich auf die Pflanzen nieder. Damit sind sie buchstäblich auf den Leim gegangen. Alles Zappeln und Flügelgesurre ist vergeblich. Langsam schließen sich die Härchen und sorgen für die Verdauung des Mückenbratens.

Abb. 6. Mittlerer Sonnentau.

Abb. 7. Wasserschlauch.

Abb. 8. Rundblättriger Sonnentau.

Abb. 9. Fieber- oder Bitterklee.

Die Weichteile des Insektes werden aufgelöst, so dass sie vom Blatt aufgesogen werden können. Flügel, Beine und Panzer werden, wie es sich für einen gesitteten Gourmet gehört, übriggelassen. Man schätzt, dass eine einzelne Sonnentaupflanze bis zu 2000 Insekten den Sommer über vertilgt. Ähnlich treibt es auch das Fettkraut in den Niedermoorbereichen. In den Wasserlöchern breiten sich der ebenfalls fleischfressende Wasserschlauch und die faszinierenden Blüten des Fieberklees aus.

Einzelne Moorbirken und bizarr aussehende Rotkiefern gedeihen auf dieser Moorfläche. Einige Moorlöcher, der schwankende Boden und der aufsteigende Moosnebel regen unsere Fantasie an. Man hört ja immer wieder von Irrlichtern, die über das Moor schweben und auf Seelenfang aus sind. Schon ein wenig gruselig!

Abb. 10. *Erfrischendes Moorbad.*

Da fällt mir die Sage vom Irrlicht ein: Es mag so gut 100 Jahre oder mehr her sein. Der Schuster Stöffl kommt von seinem Jahrtag der Schuster bei einbrechender Nacht gerade an den Moorwiesen bei Herating vorbei, als ein kleines Licht aus dem sumpfigen Moorgrund steigt und auf ihn zuschwebt. Dem Stöffl fährt der Schrecken in die Glieder und er treibt seine Beine zum Eilschritt an. Doch wenn er einen Blick nach hinten wagt, sieht er zu seinem Grausen, dass das seltsame Licht noch immer hinter ihm her ist. Nun will er ihm durch Laufen entfliehen, aber es kann es nicht abschütteln. Es ist so schnell wie eine Fledermaus und weicht ihm nicht von der Seite. Schweißgebadet kommt er bei den ersten Häusern in Ibm an und hofft, nun werde ihn das unheimliche Flämmchen verlassen. Er keucht durch das Dorf und sieht zu seinem Entsetzen das Lichtlein noch immer hinter sich schweben. Bei der Schmiede, dem letzten Haus des Dorfes, pocht er in großer Verzweiflung an die Türe und bittet um Weihwasser. Das Licht hat sich inzwischen auf der Wehrmauer an der Straße niedergelassen. Der Stöffl bekommt Weihwasser, schleicht sich an und besprengt das Lichtlein nun damit. Das Lichtlein erlischt und so ist wieder eine Seele erlöst, und der Stöffl kann seinen Weg beruhigt fortsetzen.

Wir wandern weiter in das Herzstück dieser unglaublich stimmungsvollen Moorlandschaft und genießen den weiten Blick in die Übergangsmoorbereiche. Wir kommen zur Abzweigung Kleiner / Großer Rundweg und legen einen Stopp beim Moorbad ein. Auf dem Steg nehmen wir Platz und lassen unsere Füße in die erfrischende Kühle des Moorsumpfes eintauchen. Ups, was blubbert denn da? Blasen von Sumpfgas (Methan) steigen aus der Tiefe auf! Da wir ja auch das Badezeug dabei haben, entschließen wir uns daher, diese Vorgänge genau zu erkunden. Auf einer Tafel wird ja zum Moorbaden eingeladen! Wir wagen uns in dieses moorige Schlammbad. Toll, dieses Gefühl, den Moorgatsch zwischen den Zehen und auf der Haut zu spüren. Wir genießen die kühle, wohltuende Wirkung dieses Moorbades. Von den Moorblasen ist leider nichts mehr zu sehen. Nach einiger Zeit entsteigen wir der Badestelle und säubern uns beim Wasserloch. Das war ein ganz besonderes Naturerlebnis!

Erfrischt wandern wir am Großen Rundweg weiter und erblicken bald drei düstere »Moorgeisterbäume«. Auf deren Ästen sollen ja die Moorgeister und die Irrlichter sitzen, aber auch das Moorweiberl soll an dieser Stelle besonders gerne auf die feschen Jünglinge lauern und sie ins Moor locken. Wir verlassen diesen gespenstischen Ort und schlendern weiter durch die sagenumwobene Urlandschaft. Bald erreichen wir eine Stelle, wo uns zwei dunkle Mooraugen direkt anblicken und schon wieder sehen wir Blasen aufsteigen. Was da wohl dahintersteckt? Wir stehen direkt vor einem Schwingrasenmoor. Diese Moorflächen sind nur mit einer dünnen Moos-und-Gräser-Schicht überwachsen. Beim Betreten dieser Fläche würde man sofort »versumpfen«. Wir schaukeln ein wenig am Weg und der ganze Moorboden wackelt wie Pudding. Auch die einzelnen Bäume schwingen eigenartig. Wir entdecken wieder das Torfmoos und viele Sonnentaupflanzen. Da fällt mir ein, dass beim Vertorfen der Pflanzen Gas entstehen soll – ob das die Ursache für die Blubberblasen ist?

Abb. 11. Orchideenwiese.

Weiter geht es zur Torfhütte. An diesem Platz wurden früher die Torfwasen, die aus den Hochmoorbereichen gestochen wurden, nachgetrocknet. Hier finden wir Informationstafeln über die Tier- und Pflanzenwelt des Moores und eine schematische Darstellung des Aufbaues dieses Moores. Eine gemütliche Bank lädt zum Verspeisen der mitgebrachten Jause ein. Anschließend genießen wir noch am Aussichtsplateau den wunderschönen Blick in das Herzstück des Naturschutzgebietes, den Pfeiferanger.

Der Weg führt nun zur Hackenbuchener Straße, die wir überqueren. Danach kommen wir zu einem Parkplatz, wo wir die Hirsche im Gatter bewundern.

Uns fällt noch eine kleine Gedenktafel auf. Hier sind im November 1886 zwei Arbeiter beim Brunnenbau in der Planck'schen Gutsverwaltung durch Moorgas ums Leben gekommen. Der handgegrabene Brunnen

Abb. 12. Sumpfständel-Orchidee.

Abb. 13. *Niedermoorwiese.*

war bereits 18 Meter tief und nur mehr die Brunnenstube musste eingesetzt werden. Nach dem Mittagessen begab sich ein Brunnenmacher in den Brunnen. Er wurde sofort von einer Ohnmacht befallen. Dessen Bruder, der Nachschau hielt, begab sich hierauf ebenfalls in den Brunnen. Doch kaum unten angekommen, ereilte ihn das gleiche Schicksal. Als dieselben nach zwanzig Minuten noch immer nicht zum Vorschein kamen, stieg ein dritter Arbeiter hinab, der ebenfalls ohnmächtig wurde. Er kam wieder zu sich und konnte Hilfe holen. Die beiden Brunnenmacher aber konnten nicht mehr gerettet werden. Wie sich nach umfangreichen Untersuchungen herausgestellt hatte, war während der Mittagszeit Sumpf- und Stickgas in den Brunnen geströmt.

Wir aber wandern nun auf einer asphaltierten Straße in Richtung Ibm. Beidseitig der Straße begleiten uns blumenreiche Niedermoorwiesen mit Orchideen und ganz besonderen Pflanzenraritäten.

Da wir von dieser wunderbaren Landschaft noch nicht genug haben, zieht es uns noch zum Ibmer/Heratinger See. Hierfür zweigen wir vor dem Gasthaus Hauser (geschlossen) links ab, gehen am Waldrand an einigen Häusern vorbei, treffen auf den Barfußweg, folgen diesem und erreichen über eine kleine Anhöhe einen schönen Rotbuchenwald. Wir wandern am Campingplatz vorbei und erblicken bereits den idyllisch gelegenen Ibmer/Heratinger See. Ein sehr warmer Moorsee mit den wundervollen Knotenbäumen, der schönen, gepflegten Badeanlage und einem einladenden Buffet, wo wir uns mit Kaffee und einer hausgemachten Mehlspeise zur Krönung des Wandertages belohnen. Anschließend wollen wir den Barfußweg um den See zu Ende gehen. Hierfür gehen wir am Parkplatz zur Zufahrtsstraße,

Abb. 14. *Ibmer / Heratinger See.*   **Abb. 15**. *Barfußwanderung am Barfußweg.*

wo wir uns links halten und dieser Straße zirka 700 Meter folgen. Am Ende eines Wäld-
chens betreten wir links abzweigend die Moorwiese. Wir entledigen uns unserer Schuhe
und erspüren barfuß die verschiedenen Bodenarten. Von der sumpfigen Moorwiese, über
Torfmoos, durch richtigen Moorgatsch und über Stock und Stein treffen wir wieder auf den
Hinweg, dem wir rechts und dann links abbiegend bis ins Ortszentrum von Ibm, unseren
Ausgangspunkt, folgen.

Abb. 16. *Irrlichter und Moorgeister.*

Abb. 17. *Sonnenuntergang am Seeleitensee.*

Tipps

Ein besonderes Naturerlebnis ist die abendliche Naturschauspielführung **»Irrlichter und Moor-geister«**, für Kinder bei einbrechender Dunkelheit das **»Laterndl-Picknick«**. Mit Wetterfleck, Wanderstock und Laterne ausgerüstet führt MARIA WIMMER als Moorwächterin Besucher durch das Ibmer Moor. Sie kennt die Sagen, die sich um das Moor ranken, weiß wohl auch manch versteckten Ort, an dem besonders seltene Pflanzen wachsen, wo die Toteislöcher zu finden sind und kann wahrscheinlich auch mit den Moorgeistern sprechen.

Für Schüler die Naturschauspielführung **»Labor im Moor«**. Das Forschungslabor wird hinaus in die Natur verlegt! Erkundet werden die verschiedenen Ökosysteme. Wir beleuchten die Fang-methoden der fleischfressenden Pflanzen und hören über so manche schaurige Begebenheit. Natürlich darf ein Bad im Moorloch nicht fehlen.

Ein vogelkundliches Erlebnis ist die Naturschauspielführung **»Was meckert hier im Moor?«**. Am Rande der unterschiedlichen Feuchtlebensräume des Ibmer Moores begegnen wir den attrakti-ven, ganz seltenen Bodenbrütern wie Großer Brachvogel (Moorflöte), Bekassine (Himmelsziege) sowie Kiebitz (Pfeifer) und lernen die Gemeinsamkeiten dieser Vögel kennen. Wir beschäftigen uns mit dem Nestbau und den typischen Verhaltensweisen dieser Vögel.

Literatur

BAISCHER, A. (1994): Eggelsberg in alter und neuer Zeit. – Herausgeber: Gemeinde Eggelsberg, Moserbauer Druck und Verlag, Ried im Innkreis. Erhältlich im Gemeindeamt in Eggelsberg.
HUBER, R. (1984): Wanderungen durch das Ibmer Moor. – Oberösterreichischer Landesverlag Ried Ges.m.b.H. Erhältlich im Gemeindeamt in Eggelsberg.
KOHL, H. (2000): Das Eiszeitalter in Oberösterreich. Abriß einer Quartärgeologie von Oberöster-reich. – Schriftenreihe des OÖ Musealvereins – Gesellschaft für Landeskunde, 17: 487 S.; Linz.
LEININGER, K. W. (2014): Geheimnis Moor. – 176 S.; Wien (Styria regional).

Auf den Spuren der Geschichte

Ein historischer Themenweg durch Gmundens Altstadt

Ingrid Spitzbart

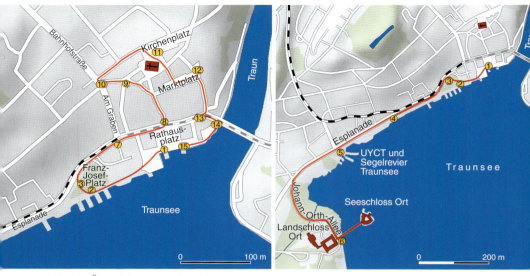

Abb. 19. *Übersichtskarten des Altstadtwegs (links) und des Spaziergangs zu den Schlössern Ort (rechts).*

Schon die archäologischen Funde in der am Nordufer des Traunsees gelegenen Stadt Gmunden weisen auf eine frühe Besiedlung in der Stein- und Bronzezeit hin. Auch die Römer hinterließen ihre Spuren, so unter anderem in Engelhof, wo die Grundmauern eines mit Bodenheizung versehenen Gebäudes samt Badehaus und Töpferwerkstätte bei Bauarbeiten freigelegt wurden.

Die in den Jahrmillionen unter anderem durch Gletscherschübe entstandenen Gebirgs-formationen ließen für den Transport des im Hallstätter Salzberg gewonnenen Salzes nur den Wasserweg der Traun, vom Hallstätter See bis zum Traunsee, offen. Durch die günstige Lage am Ausfluss der Traun aus dem Traunsee wurde Gmunden bereit im 11. Jahrhundert zu einem wichtigen Umschlagplatz für den Salzhandel, und es ist daher verständlich, dass hier bereits um 1200 eine landesfürstliche Mautstelle errichtet wurde.

Von 1246 bis 1276 entwickelte sich Gmunden zu einer befestigten Stadt und wurde um 1278 von König RUDOLF I. VON HABSBURG zur landesfürstlichen Stadt erhoben.

Der 15 Schautafeln umfassende Themenweg führt im Rahmen eines 1–2-stündigen Stadtspaziergangs (kurze oder lange Route) mit geringen Höhenunterschieden zu den schönsten und historisch interessantesten Straßen, Gassen und Plätzen der ehemaligen Salzhandels- und Kurstadt Gmunden am Traunsee.

Ausgangspunkt für diesen Spaziergang ist die Schautafel ①: **Rathausplatz**.

In seinem mittleren Teil diente der zum See hin geöffnete Platz früher als Umschlagplatz für Salz, Getreide, Kalk und Waren aller Art. Seit 1839, bis zum heutigen Tag, ist er auch An-legestelle für die Traunseeflotte, die von hier aus zahlreiche Personen zu den Ausflugsorten am Ostufer des Traunsees und an das Südende des Traunsees befördert. Von 1835 bis 1871 war der Rathausplatz auch Endstation für die dem Salztransport dienenden Güterwaggons

◁ **Abb. 18**. *Blick in die Kirchengasse in der Altstadt von Gmunden.*

18

Abb. 20. Seit 1959 befindet sich in der obersten Loggia des Gmundner Rathauses das so genannte »Keramik-Glockenspiel«, dessen Glocken zwar aus Meißner Porzellan gefertigt wurden, aber mit dem traditionellen, ab 1600 nachweisbaren Gmundner Keramik-Dekor »Grüngeflammt« verziert wurden.

Abb. 21. Ein Blick vom See zur Gmundner Esplanade mit dem ehemaligen Hotel Austria. Bei den Steganlagen, rechts im Vordergrund, kann man sich ein kleines Elektro- oder Tretboot mieten und mit ihm den Traunsee erkunden.

19

Abb. 22. Der Kaiser-Franz-Joseph-Park mit Springbrunnen und Kaiser-Franz-Joseph-Denkmal ist ein beliebtes Foto-Motiv und lädt zum Verweilen und Entspannen ein.

der Pferdeeisenbahn Budweis–Linz–Gmunden. Hier erfolgte die Entladung der Salzzillen und die Zwischenlagerung der Salzstöcke im Salzkeller des Gmundner Rathauses sowie die Verladung der Salzstöcke auf die Waggons der Pferdeeisenbahn. Das derzeitige Gmundner Rathaus wurde um 1574 errichtet und 1676 weiter ausgebaut.

Über den Schubertplatz geht man entlang der Seepromenade 200 Meter bis zur Schautafel ②: **Esplanade**.

Der Bau der Gmundner Esplanade durch Anschüttung von Seegrund wurde unter Bürgermeister TAGWERKER in den Wintermonaten 1850/51 begonnen und fand erst 1862 seinen Abschluss. Weitere Verbreiterungen wurden noch in den Jahren 1890/91 und 1896/97 durchgeführt. Seither bietet diese einzigartige Seepromenade eine beliebte Flaniermeile für Gäste und Einheimische, die von hier aus den prachtvollen Ausblick auf See und Gebirge sowie die Schlösser Ort genießen.

Dann hält man sich nach rechts und spaziert 60 Meter entlang der Esplanade zur nächsten Schautafel ③: **Kaiser-Franz-Joseph-Park**.

Bis 1850 reichte der Traunsee noch bis zu den heute am Franz-Joseph-Platz gelegenen Häusern heran. 1851 begann man mit ersten Anschüttungen von Seegrund, in den Winter-monaten 1888/89 wurde der Platz noch wesentlich vergrößert und mit einer Doppelreihe Kastanien bepflanzt. 1890 erhielt er mit Zustimmung des Monarchen die Bezeichnung »Kaiser-Franz-Joseph-Platz«. In den Wintermonaten des Jahres 1893 erfolgte eine Ver-breiterung dieses Platzes gegen den See hin. Dieses neugewonnene Areal nutzte man zur Anlegung einer prächtigen Parkanlage mit Springbrunnen, dem sogenannten »Kaiser-Franz-Joseph-Park«, die seit 1894 eine Kaiser-Franz-Joseph-Büste nach einem Entwurf von HEINRICH NATTER ziert. Erst 1953 wurde der Springbrunnen mit der heute viel bestaunten und fotografierten Skulptur »Der Gnom mit dem Bergkristall« des Bildhauers HEINRICH NATTER (1844–1892) geschmückt.

Danach bieten sich zwei Möglichkeiten an:

Abb. 23. Diese neugeschaffene Verlängerung der Gmundner Esplanade ist bei Einheimischen und Gästen sehr beliebt und trägt seit dem Jahr 2014 den Namen OSR-Erwin-Herrmann-Kai.

A Altstadtweg (kurze Route, rund 1 Stunde).

Man durchquert den Park, überschreitet die beiden Zebrastreifen und geht auf der rechten Straßenseite geradeaus weiter zur Schautafel ⑦: **Theatergasse**.

B Spaziergang bis zu den Schlössern Ort (lange Route, ca. 2 Stunden).

Man spaziert auf der Esplanade weiter zu den Schautafeln ④, ⑤ und ⑥.

Schautafel ④: **OSR-Erwin-Herrmann-Kai**

Die stark frequentierte Gmundner Esplanade erfuhr bereits in den Wintermonaten 1890/91 eine Verbreiterung beim ersten Rondeau. Zur Unterhaltung der Kurgäste erbaute man dort 1893 einen neuen Musikpavillon und schräg gegenüber einen Café-Pavillon. 1896/97 wurde das zweite Rondeau seewärts um 9,5 Meter verbreitert, mit einem Quaderverbau versehen und einem Eisengitter abgeschlossen. Eine nochmalige Erweiterung der Gmundner Esplanade beschäftigte die Vertreter der Stadtgemeinde in den Jahren 1964 und 1973. Es wurden Pläne für die Erweiterung im westlichen Teil ausgearbeitet. Aber erst Bürgermeister OSR ERWIN HERRMANN konnte mit Beharrlichkeit und Weitblick – gegen massiven Wiederstand – dieses wichtige Projekt umsetzen und diese für die Stadt Gmunden wichtige Erholungszone fertigstellen.

Wandert man seeseitig rund 40 Meter der Esplanade entlang, so kommt man zum so genannten »Malerwinkel« und zur Schautafel ⑤: **UYCT und Segelrevier Traunsee**.

Der Traunsee ist der östlichste der vier größten Seen des Salzkammerguts, die heutzutage intensiv als Segelreviere genutzt werden. Er hat eine Wasserfläche von 14,35 Quadratkilometern und eine Länge von knapp 13 Kilometern und ist mit einer Tiefe von 191 Metern einer der tiefsten Seen des Salzkammerguts. Er zeichnet sich durch eine beträchtliche Vielfalt und Variabilität seiner Winde nach Richtung und Stärke aus.

Die Gründung des Union Yacht Clubs (seit 1911 k. k. UYC) Traunsee im Jahre 1888 ging auf eine Initiative von EDWARD DRORY zurück. Das Clubhaus, welches 1914 fertiggestellt wurde, steht auf einem der schönsten Plätze am Ende der Esplanade.

Abb. 24. Über eine 130 Meter lange Holzbrücke erreicht man das auf einer kleinen Insel im Traunsee gelegene Seeschloss Ort mit seinem sehenswerten Renaissance-Arkadenhof.

Danach geht man noch 150 Meter bis zur Orter-Kreuzung und biegt links in die zu den Schlössern Ort führende Allee ein. Nach einem kurzen Spaziergang erreicht man die Schlösser Ort und bei der Brücke zum Seeschloss die Schautafel ⑥: **Land- und Seeschloss Ort**.

Die Schlösser Ort und die Herrschaft Ort wechselten im Laufe der Geschichte häufig ihre Besitzer. Um 1080 wurde als Besitzer HARTNIDUS VON ORT urkundlich erwähnt. Auf ihn folgten bis 1244 seine Nachkommen, die stets den Namen HARTNEID trugen. Nach oftmaligem Besitzerwechsel kaufte 1625 ADAM GRAF HERBERSTORFF die Herrschaft Ort und ließ im Jahre 1627 von den aufständischen Bauern als Wiedergutmachung im Frondienst das heutige Landschloss Ort als Ersatz für den während der Bauernkriege 1626 abgebrannten Wirtschaftshof errichten.

Auf GRAF HERBERSTORFF folgten wieder wechselnde Besitzer, bis dann 1689 Kaiser LEOPOLD I. die Schlösser Ort erwarb. Von diesem Zeitpunkt an blieben diese kaiserlicher Besitz und wurden von einem Pfleger verwaltet. 1869 kaufte Großerherzog LEOPOLD VON TOSCANA die Orter Halbinsel und die Schlösser Ort. 1876 erwarb sein Sohn, Erzherzog JOHANN NEPOMUK SALVATOR zuerst das Landschloss und 1878 auch das Seeschloss Ort. 1914 verkauften seine Erben das Landschloss Ort an die Kaiser-Franz-Joseph-Jugendheimstiftung. Das Seeschloss wurde 1915 an die Staatsforste übergeben und befindet sich seit 1995 im Besitz der Stadtgemeinde Gmunden.

Anschließend geht man seeseitig entlang der Esplanade zurück zum Kaiser-Franz-Joseph-Park, durchquert diesen und geht auf der rechten Straßenseite geradeaus zum Stadttheater und gelangt zur Schautafel ⑦: **Theatergasse**.

Abb. 25. *Im Gmundner Stadttheater werden neben monatlichen Theater-Abonnement-Aufführungen auch zahlreiche Veranstaltungen, wie Konzerte, Lesungen, Kabarett-Vorstellungen, Jazzkonzerte u. a., geboten. In den Sommermonaten ist es auch Aufführungsstätte der »Gmundner Festwochen«. Ein kleiner Kinosaal, aber auch der große Theatersaal, stehen für Filmvorführungen zur Verfügung.*

Am ehemaligen Standort des Salzkellers »beim Christophsturm« ließ Theaterdirektor JOSEF M. KOTZKY in den Jahren 1871/72 nach Plänen von Ing. FRANZ SCHUPPLER auf eigene Kosten ein repräsentatives Theatergebäude errichten. Hier bot er den anspruchsvollen internationalen Kurgästen, die oft viele Wochen in Gmunden verweilten, jährlich von Juli bis September einen abwechslungsreichen Programmreigen, bestehend aus Oper, Operette, Schauspiel und Lustspiel. Viele berühmte Schauspieler und Sänger vom k. k. Hofburgtheater, der k. k. Hofoper und anderen Wiener Bühnen traten hier im Sommer in Gastrollen auf. Ein besonderes Ereignis in der bewegten Chronik des Gmundner Stadttheaters stellt die österreichische Erstaufführung von SCHNITZLERS Schauspiel »Freiwild« am 22. Juli 1897 in Anwesenheit des Autors dar.

Auf dieser Straßenseite bleibend folgt man der Theatergasse 170 Meter geradeaus. Bei der nächsten Ampel überquert man die Straße und gelangt dann rechts zur Schautafel ⑧: **Kirchengasse**.

Die Kirchengasse führt vom Rathausplatz direkt zur Stadtpfarrkirche und gehört zu den ältesten, schon im Mittelalter genannten Gassen der Stadt Gmunden. Der malerische Blick vom Rathausplatz in die Kirchengasse mit ihren alten Salzfertigerhäusern war von jeher ein beliebtes Motiv für Zeichner, Maler und Fotografen. Das Eckhaus Kirchengasse 2 diente in der 2. Hälfte des 16. Jahrhunderts als Rathaus. An dessen Hauswand sind zwei alte

Abb. 26. *Ein Blick in die Kirchengasse in Richtung Traunsee. Die Häuser dieser Gasse befanden sich einst Großteils im Besitz der Salzfertiger, die in den Kellern ihrer Häuser die aus dem inneren Salzkammergut angelieferten Salzstöcke zerkleinerten und für den Weitertransport auf dem Wasserweg in eigene Holzgebinde, die so genannten »Küfel«, verpackten.*

Gmundner Maße: die »Gmundner Elle« und der »Gmundner Klafter« sowie interessante Hochwassermarken eingelassen.

Man spaziert 100 Meter weiter durch die Kirchengasse bergwärts, biegt dann nach links in die Salzfertigergasse ab und erreicht dann die Schautafel ⑨: **Rinnholzplatz**.

    Dieser früher auch »Rinderholz« oder »Rinnerholz« genannte Platz leitet seinen Namen von dem dort zum Auftrieb gelangtem Schlacht- und Handelsvieh ab, das hier an Holzpflöcke gebunden sein Los erwartete.

    Bis vor einigen Jahren befanden sich auf diesem Platz auch noch zwei Fleischauereibetriebe. Beim Ausgang des Rinnholzplatzes (Schleifergasse) stand bis zum Jahre 1868 der Neutorturm, auch Rinnerholzturm genannt. 1948 wurde der Brunnen am Rinnholzplatz mit einer von der »Gmundner Keramikmanufaktur« nach einem Entwurf des Bildhauers Prof. KUBIENA angefertigten Figur eines Salzträgers geschmückt, die an den einst für die Salzhandelsstadt Gmunden so bedeutenden Berufsstand erinnern soll.

Man verlässt den Rinnholzplatz durch die Schleifergasse und gelangt nach 60 Metern zur Schautafel ⑩: **Am Graben**.

    Der Name dieses bergaufwärts führenden Straßenzuges erinnert an den dort ehemals verlaufenden, 15–22 Meter breiten Stadtgraben. Dieser begann beim Christophsturm in der Nähe des heutigen Stadttheaters und zog sich von da an den Berg hinauf, wo er mit einer starken Rechtsbiegung die Richtung änderte und entlang der heutigen Habertstraße bis zum Schloss Grueb, heute Bezirksgericht, verlief. Nachdem Gmunden um 1840 Schritt für Schritt seine Bedeutung als Salzhandelsstadt verlor, wurden die Befestigungsanlagen nicht mehr benötigt und man begann ab 1841 mit der Auffüllung des Stadtgrabens, 1847 wurden dort Kastanienbäume gepflanzt, 1853 war die Aufschüttung des gesamten Stadtgrabens abgeschlossen.

Man geht dann weiter in Richtung Postamt, biegt nach rechts in die Haberstraße ein und erreicht nach 130 Metern die Schautafel ⑪: **Kirchenplatz.**

Die Ende des 13. Jahrhunderts erbaute Gmundner Stadtpfarrkirche ist der Heiligen Jungfrau Maria und den Heiligen Drei Kö-

Abb. 27. Der Rinnholzplatz mit seinen alten Bürgerhäusern, dem Salzträgerbrunnen und dem großen Lindenbaum gehört zu den stimmungsvollsten Plätzen der Gmundner Altstadt und bildet auch den Rahmen für gemütliche Feste und für den Gmundner Adventmarkt.

Abb. 28. Ursprünglich war der an der Westseite der Stadtpfarrkirche aufragende Turm mit einem einfachen, vierkantigen Satteldach gekrönt. In den Jahren 1717 und 1718 wurde der Kirchturm auf die gegenwärtige Höhe gebracht und mit einem bauchigen Helm gekrönt.

nigen geweiht. Der vom Rieder Bildhauer THOMAS SCHWANTHALER 1678 geschaffene Hochaltar stellt die lebensgroße Anbetung der Heiligen Drei Könige dar. An der Außenseite der Pfarrkirche findet man zahlreiche Grabsteine und Grabplatten eingemauert, die daran erinnern, dass die Stadtpfarrkirche einst vom Friedhof umgeben war. Parallel dazu verliefen Stadtmauer und Stadtgraben. Das neben der Kirche gelegene Pfarrhofgebäude stand schon im 14. Jahrhundert an dieser Stelle und wurde 1588 in jener stattlichen Ausdehnung angelegt, die es noch heute besitzt.

Man geht dann nach rechts über den Kirchplatz 140 Meter die Stiegen abwärts und gelangt über die Johannesgasse zum Marktplatz. Dann wendet man sich nach links und geht über den Platz, vorbei am 1. Gmundner Rathaus, zur Schautafel ⑫: **Marktplatz.**

Der Marktplatz gehört zu den ältesten Plätzen der Stadt Gmunden und trug früher auch die Bezeichnung »oberer Platz« oder »oberer Markt«. Dort wird bereits seit dem 13. Jahrhundert an jedem Dienstag ein Wochenmarkt abgehalten. Der Marktplatz

Abb. 29. Die vom k. k. Salzamt in Gmunden in den Jahren 1616–1861 subventionierte »Salz-kammergut-Apotheke« (Bildmitte) musste sich verpflichten, »die Apotheke mit den notdürfti-gen Medicamentis wohl zu versehen und diese den armen Kammergutsarbeitern um leichtere Bezahlung zu überlassen«.

wurde auf Veranlassung von Erzherzog FERDINAND bereits 1524 gepflastert, 1844 erbaute man einen steinernen Brunnen mit Röhren und einem Wasserbassin. 1952 schmückte man diesen Brunnen mit einer von Bildhauer Prof. KUBIENA geschaffenen Knabenfigur, die einen Fisch in ihren Armen hält, aus dessen Maul ein Wasserstrahl dringt.

An der Ecke Marktplatz/Johannesgasse steht das erste Gmundner Rathaus, das bis ins 14. Jahrhundert in Verwendung war. Die 1604 gegründete »Salzkammergut-Apotheke« befindet sich seit 1669 im Eckhaus Marktplatz/Traungasse.

Man geht dann geradeaus 140 Meter die Traungasse hinunter und anschließend rechter Hand über den Zebrastreifen in Richtung Kammerhof, in dem sich die »Kammerhof Museen Gmunden« befinden, und gelangt so zur Schautafel **⑬**: **Kammerhofgasse**.

Die um 1343 errichtete Bürgerspitalkirche St. Jakob ist durch das Trauntor mit dem Kammerhofgebäude, dem ehemaligen Sitz des Salzamtmannes, verbunden und diente daher auch als Hauskirche und Begräbnisstätte der Salzamtmänner und ihrer Familien. Diese oftmals umgebaute, heute im neugotischen Stil eingerichtete Kirche ist seit 2008 Teil der neugestalteten »Kammerhof Museen Gmunden« und kann im Rahmen eines Museums-rundganges besichtigt werden.

Von der Kammerhofgasse führt die enge Traungasse steil bergan zum Marktplatz. Das Haus Traungasse 2/Kösslmühlgasse diente bis 1822 als städtische Kaserne. Im Haus Kam-merhofgasse 7 befand sich ab der 2. Hälfte des 18. Jahrhunderts bis zum Jahre 1823 ein kleiner Theatersaal, in dem auch der Hofschauspieler JOSEF LANGE, der Schwager WOLFGANG AMADEUS MOZARTS, auftrat.

Abb. 30. Das Kammerhofgebäude, einst Sitz des k.k. Salzamtes, beherbergt heute die »Kammerhof Museen Gmunden«, die in 14 Schauräumen Einblick in die Landschaftsentwicklung und Geschichte der Traunseeregion bieten. Die Museumsabteilung »Klo&So«, eine weltweit einzigartige Sammlung von über 200 historischen Sanitärobjekten, ist bei den Museumsbesuchern besonders beliebt.

Anschließend spaziert man durch das rechte Trauntor, 50 Meter bis zur Schautafel ⑭:
Museumsplatz mit Trauntor und Traunbrücke.

Der heutige Museumsplatz war einst der Garten des Kammerhofes, der um 1450 als Sitz des landesfürstlichen Salzamtes errichtet wurde. Von hier aus wurden Salzgewinnung, Salzverarbeitung und Salzhandel des gesamten, von Hallstatt bis Gmunden reichenden »Kaiserlichen Kammergutes« verwaltet. Die Wohnräume des Salzamtmannes waren der gesellschaftliche Mittelpunkt Gmundens. Neben zahlreichen Mitgliedern des Hauses Habsburg waren hier auch viele Künstler zu Gast, so u. a. 1825 der Komponist Franz Schubert. Nachdem das Salzoberamt 1850 in die k. k. Salinen- und Forstdirektion umgewandelt wurde und ein neues Amtsgebäude am Klosterplatz erhielt, erlebte das Kammerhofgebäude eine wechselhafte Geschichte. Neben Wohnungen und einem »Hotel garni« waren hier auch eine Kaltwasserbadeanstalt, Geschäftslokale und ab 1942 das Gmundner Museum untergebracht. Nach dem Bau der neuen Traunbrücke wurde jener, der Stadtgemeinde gehörende Teil des Kammerhofes in neunjähriger Bauzeit (1962–1971) unter Wahrung des alten Stadtbildes, jedoch mit Einbau eines zweiten Trauntores, zu einem Kulturzentrum mit Stadtmuseum und Kammerhofgalerie umgebaut. Im Zuge der OÖ Landesausstellung 2008 wurde der Kammerhof nochmals großzügig umgebaut und dient heute ausschließlich als Museumshaus mit über 2000 Quadratmetern Ausstellungsfläche. In 14 Schauräumen werden die regionale Geschichte dokumentiert und alljährlich noch zusätzliche Sonderausstellungen präsentiert.

Abb. 31. *Das Dampfschiff »Gisela« wartet beim Landungssteg am Rathausplatz auf seine nächste Fahrt über den Traunsee. Im Hintergrund ist der Hochkogl mit seinen zahlreichen Wohnanlagen zu sehen, die einen prachtvollen Ausblick auf See und Gebirge bieten.*

Anschließend geht man weiter in Richtung Rathausplatz, wo beim Dampfer-Anlegesteg der Rundgang durch die bewegte Geschichte Gmundens mit der Schautafel ⑮, **Dampfschiff Gisela**, endet.

Da bis zum Jahre 1839 die Uferstraße von Gmunden in Richtung Ebensee nur bis Traunkirchen führte, bildete die Schifffahrt am Traunsee das ganze Jahr über die einzige Verbindung zum oberen Trauntal und ins innere Salzkammergut. 1837 erwarb daher der Engländer JOHN ANDREWS (1787–1847) das Privileg für die Dampfschifffahrt auf dem Traunsee und ließ sich von seinem Ingenieur JOSEPH JOHN RUSTON I. (1809–1895) das erste hölzerne Dampfschiff »Sophie« entwerfen, das bereits am 15. Mai 1839 seine erste offizielle Fahrt über den Traunsee antrat. Weitere Dampfschiffe, die ebenfalls alle Namen von Damen des Kaiserhauses trugen, folgten.

Die unter Denkmalschutz stehende »Gisela« fährt noch heute als Touristenattraktion über den Traunsee.

Literatur

KRACKOWIZER, FERDINAND (1898–1900): Geschichte der Stadt Gmunden. – Band I-III; Gmunden.
– (1901): Häuser-Chronik der Stadt Gmunden in Oberösterreich. – Gmunden.
PIRINGER, KARL (1980–1985): Gmundner Chronik 1900–1950. – Band I-IV; Gmunden.
Gmundner Wochenblatt und Gmundner Zeitung 1858–1915.

Zu Gast bei den Quellfeen

Ingrid Schlor

Gemütliche Wanderung für Familien, auch mit kleinen Kindern bzw. Kinderwagen, mit Einkehrmöglichkeit.

Ausgangspunkt: Gemeinde Neumarkt am Wallersee, Ortsteil Pfongau; Greischbergerhof, Parkplatz.

Wegstrecke: ca. 3 km

Gehzeit: Je nach Tempo für Hin- und Rückweg ca. 1 Stunde, mit Rast- und Spielmöglichkeiten deutlich länger. Wichtig: Zeit haben und Bach und Wald genießen!

Anfahrt: Von Salzburg nach Neumarkt auf der B 1, Abfahrt Sighartstein, Wegweiser nach Pfongau folgen. Bei der Freiwilligen Feuerwehr Pfongau rechts abbiegen, Wegweiser Lengroid. Am Ortsende links Greischbergerhof mit Parkplatz.

Mit öffentlichen Verkehrsmitteln: Postbus, Ortszentrum Neumarkt, Bushaltestelle Zwingenberger, Fußweg am Geschäft Billa vorbei und rechts in die Lerchenfelder Straße einbiegen, der Steinbachstraße weiter folgen und gerade aus nach Breinberg Süd, durch die Unterführung der B 1, Feldweg nach Pfongau, dann Asphaltstraße in Richtung Lengroid an der Kapelle vorbei. Hier verlängert sich die Wegstrecke um 3 Kilometer (hin und zurück).

Hier wird eine kurze Wanderung zu einer Quelle beschrieben, die sehr gut auch für kleinere Kinder bzw. Kinderwagen geeignet ist. Der Weg führt uns in das ehemalige Gelände des Waldkindergartens Neumarkt am Wallersee und ist mit einem der Fantasie entsprungenen Märchen verknüpft. Die Quelle gibt es immer noch, das Quellschutzgebiet speist die Haushalte in Pfongau mit Wasser. Den Waldkindergarten gibt es auch heute noch, allerdings hat er einen neuen Standort gefunden – möglicherweise in der Nähe des Schlosses des Feenprinzen. Auch das Hochwasser, das im Märchen genannt wird, gab es wirklich. Die Quelle gibt es heute noch und entfaltet zu jeder Jahreszeit ihren ganz besonderen Reiz.

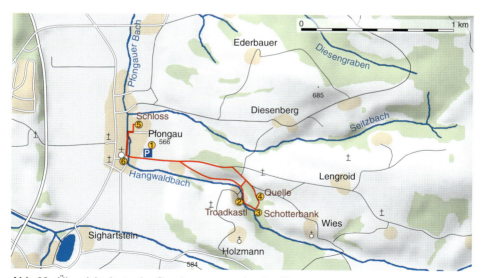

Abb. 33. *Übersichtskarte des Spaziergangs zu den Quellfeen.*

◁ **Abb. 32.** *Elfe.*

Abb. 34. Der verschneite Hangwaldbach.

Abb. 35. Morgenstimmung bei der Hangroidmühle.

Abb. 36. *Plattbauchlibelle.*

Die Wanderung beginnt am Parkplatz Greischbergerhof (①) und man folgt der Straße nach Osten 250 Meter in Richtung Lengroid. An der Straßengabelung bei der ehemaligen Rinnermühle wird nun dem rechten Straßenzweig gefolgt. Kurz zuvor sieht man inmitten eines Fliederbusches ein 2014 errichtetes Marterl zum Dank der Genesung seiner von Rindern attackierten Ehefrau. Herr SAMS ließ es vom Landartkünstler MATTHIAS WÜRFEL aus Pfongau anfertigen. Dieses Gebäude wurde 1592 als »Rinnermil« erwähnt und diente damals den Grundherrschaften von Schloss Pfongau.

Nun führt die Straße den Hangwaldbach entlang, der unterhalb im Graben liegt und von Bäumen begleitet wird. Wenn man genau schaut, kann man sogar einen Spechtbaum entdecken. Nun kommt man auf offenes Gelände, der Bach entfernt sich etwas von der Straße. Die von Gräben durchzogene Wiese bietet in diesen vereinzelt kleine sprudelnde Quellen.

Schließlich kommt man an einem schön gepflegten Haus vorbei und sieht auch die ehemalige Hangroidmühle oder Hagenroidermühle. Diese wurde 1666 erstmals urkundlich erwähnt. Knapp vor der Brücke betreten wir auf einer Schotterstraße den Wald und folgen dem Bach aufwärts. In diesem Bereich findet sich das Quellschutzgebiet und die Quellfassung von Pfongau (Gemeinde Neumarkt).

Wir überqueren einen kleinen Zufluss und kommen zu einem urigen Brunnentrog und Troadkasten. Hier findet man einen wunderschönen Rastplatz auf der einladenden Bank vor der Hütte mit Ausblick auf einen kleines Feuchtgebiet. Es ist das Zuhause einer Gelbbauchunke und man kann Prachtlibellen zusehen, wie sie ihre Flügel startklar machen. Kaulquappen und Feuersalamanderlarven sind in diesem Gebiet heimisch. Der Troadkasten (②) wurde von Herrn ANTON GREISCHBERGER aus abgetragenem Baumaterial errichtet und beherbergt in seinem Inneren ein Sammelsurium alter bäuerlicher Werkzeuge. Er ist nicht öffentlich zu besichtigen, aber bei einer Einkehr im Greischbergerhof kann man eventuell mit den Wirtsleuten ins Gespräch kommen.

Wir wandern dem Bach entlang noch ein Stück aufwärts zu einer Kurve mit einer Schotterbank (③). Hier bietet sich Spielen am Wasser, Staudamm bauen, Wassertiere erforschen (Köcherfliegenlarven, Bachkrebse, …) an.

Abb. 37. *Troadkasten (Getreidespeicher) von Herrn GREISCHBERGER.*

Abb. 38. Mystisches Sonnenlicht zur Faunstunde.

Wir folgen der Forststraße ein kleines Stück weiter und biegen bei drei mächtigen Hain-buchen nach Westen etwas abwärts in das Waldgelände ab. Nach 50 Metern kann man ein Rohr unserer Quelle (④) entdecken und erforschen. Dieser Platz wurde einst von den Waldfüchsen des Waldkindergartens sehr gerne aufgesucht. An dieser Stelle will ich auch ein von mir geschriebenes Märchen erzählen.

Der Wald lädt gerade in der Faunstunde (mittags), aber auch zu anderen Tageszeiten ein, darin zu spazieren, innezuhalten, zur Ruhe zu kommen oder auch in eine mystische Welt einzutauchen. Viele Augen beobachten den menschlichen Besucher im Wald, der Ruf des Eichelhähers kündigt diesen den Waldbewohnern sogar an.

Manchmal, wenn wir still sind, hören, vielleicht sogar sehen wir ein paar der Tiere des Waldes. Aber sind Tiere die einzigen Bewohner des Waldes?

Dieser Text will euch in die Welt der Fantasie mitnehmen und die Welt von für das menschliche Auge meist unsichtbare Wesen, Feen und Kobolden, aufschließen.

Feen nennt man auch »kleine Menschen« oder »gutes Volk«. Für uns Menschen sind sie meist unsichtbar. Wenn wir Glück haben, dann können wir sie, wenn wir mal blinzeln, ganz kurz sehen – nur zwischen zwei Lidschlägen. Aber Feen können sich für uns auch sichtbar machen, wenn sie es gerade wollen. Das machen sie mit dem »Zauberglanz«. Feen reden ganz viel über Liebesgeschichten der Menschen und manchmal mischen sie sich sogar ein. Aber auch bei ihnen gibt es sicher Liebesgeschichten. Feen können mit Menschen sprechen, ihre eigene Sprache aber ist eine Mischung aus dem Zwitschern der Mönchsgrasmücken, dem Murmeln eines Baches und dem Säuseln eines leichten Windes in den Bäumen.

Kobolde sind verlässliche und dienstbare Geister. Sie leben sehr im Einklang mit der Natur und passen auf, dass es den Waldtieren gut geht, und helfen, wo sie nur können – den Tieren, aber auch den Blumen und Bäumen. Dafür dürfen sie auch bei den Pflanzen wohnen,

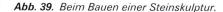
Abb. 39. Beim Bauen einer Steinskulptur.

ihre Blüten, Blätter und Früchte essen, sich in Baumwurzelhöhlen eine Wohnung einrichten oder sie werden von manchen Tieren auf eine Reise in andere Gebiete mitgenommen. Kobolde spielen auch sehr gerne, z. B. auf einer Astwippe wippen, auf einer Rindenrutschbahn runterrutschen, auf dem Schaukelbaum schaukeln …

Kobolde helfen aber auch den Menschen und verlangen nicht viel zum Dank ihrer Mühen. Vor allem wünschen sie sich dann von ihnen ein Essen (da reicht oft ein Keksbröserl) oder dass man ihnen hilft, eine Steinbrücke über einen Bach zu legen oder eine Hütte zu bauen und einzurichten.

»Es war einmal ein wunderschönes Schloss auf der anderen Seite des Baches: Es hatte eine feste Mauer, sieben Türmchen, hundertvierundzwanzig Fenster, eine große Tür aus Holz. Die Türme strahlten in weißem Glanz wie aus Zuckerguss. Wenn die Sonne draufschien, waren sie so hell, dass sie beinahe blendeten! Die Rahmen der Türe und der Fenster waren golden, die Türe selbst aus edelstem Buchenholz. Die Fenster glitzerten und spiegelten wie die allerschönsten Perlen.

In diesem Schloss wohnte einst eine wunderschöne Feenkönigin. Sie hatte goldenes, langes, lockiges Haar, strahlend blaue Augen, ihre Haut war ganz hell, ja fast durchscheinend. Sie trug ein langes weißes Kleid, das mit auf grünem Moos gefallenen Regentropfen bestickt war.

Der Name dieser Fee lautete Aruba. Sie besaß ein Pferd, allerdings ein besonderes Pferd: es hatte nämlich ein Horn auf der Stirn – also war es ein Einhorn. Sein Fell schimmerte weiß und seine Mähne silbern. In der Nacht, wenn der Vollmond schien, ritt die Feenkönigin durch den Wald zu einer Quelle. Feen, so heißt es, können mit dem Wasser sprechen.

Das Einhorn hatte einen lustigen Namen, es hieß: Schlingel – und manchmal benahm es sich auch wie ein Schlingel! Denn wenn die Feenkönigin gerade mit der Quelle plauderte, dann ging das Einhorn spazieren und wollte sehen, wo denn die kleinen Eichhörnchen-, Mäuse- oder Hasenkinder schliefen. Manchmal betrachtete das Einhorn die selig schlummernden Kinder, manchmal aber

Abb. 40. Das Schloss der Feenkönigin mit dem Einhorn Schlingel.

stupste es eines von ihnen mit seinem Horn. Dieses Kind konnte man am nächsten Tag daran erkennen, dass sein Fell besonders stark in der Sonne glänzte und einen leichten goldenen Schimmer hatte. Manchmal aber stibitzte Schlingel eine Nuss, Buchecker, Eichel oder ein paar Samen eines Fichtenzapfens aus der Vorratskammer einer dieser Tierfamilien. Die Eltern dachten am nächsten Tag, dass wieder eines ihrer Jungen unerlaubt genascht hatte!

Abb. 41. Das Kobolddorf.

Als Aruba also eines Nachts wieder mit der Quelle plauderte, warnte die Quelle die Feenkönigin und sagte: ›Aruba, es droht diesem Wald große Gefahr! Es wird viel regnen und der Bachlauf wird über die Ufer treten! Du musst die Kobolde, die hier unten ganz nah am Bach wohnen, warnen! Auch dein Schloss befindet sich in Gefahr. Aber ich verrate dir ein Geheimnis: nicht allzuweit von hier, in einem Wäldchen, fließt ebenso wie hier ein Bach in den Wallersee und dort wohnt Druimur, ein Feenprinz, der sich schon lange wünscht, dass du ihn besuchen mögest. Reite hin und – wer weiß, was dir das Glück bereitet?‹

Aruba bedankte sich bei der Quelle und streute zum Abschied ein paar wohlduftende Blüten in das klare Wasser – das mochte die Quelle immer besonders gerne – und ritt mit Schlingel zur Koboldsiedlung am Bach.

Die Koboldsiedlung lag tief verschlafen da. Hier und da hörte man ein Schnarchen von Grimaldo, dem größten und dicksten der Kobolde. Er hatte sich mit viel Mühe ein Haus aus vielen kleinen Ästen und Zweigen gebaut, das Dach hatte er mit Moos und Baumrinde abgedichtet. Im Innenraum befanden sich ein kleiner Tisch und zwei Sessel, sein weich gepolstertes Lager aus Moos, und als Kopfpolster hatte er besonders gerne lila Polsterblumen, denn die dufteten gut und waren weich. Einige Kobolde lebten in Baumlöchern, andere hatten sich ähnlich wie ein Vogel ein Nest auf einem Baumast gebaut, wieder andere nutzten Baumwurzelhöhlen und jeder von ihnen hatte einen kleinen, aber feinen Garten.

Aruba also weckte Grimaldo, das heißt, eigentlich war es Schlingel, der ihn aufweckte. Zuerst scharrte er mit seinen Hufen. Als das nichts half und Grimaldo nur umso lauter schnarchte, stupste er diesen mit seinem Horn. Grimaldo begann plötzlich im Schlaf laut zu lachen und murmelte: ›Bitte nicht kitzeln!‹ Kobolde sind ja auch sehr lustige Gesellen und Grimaldo lachte nicht nur gerne, sondern war auch sehr kitzelig!

Schließlich nahm Schlingel eine Walnuss aus Grimaldos Vorratskammer und knackte sie laut auf! Kobolde sind immer sehr hungrig und essen sehr gerne, daher mögen sie es gar nicht, wenn andere Tiere oder Wesen ohne zu fragen, sich über ihre Vorräte hermachen.

Tatsächlich sprang Grimaldo aus seinem Bett und rief: ›Wo ist der Dieb? Na warte, gleich hab ich dich!‹ Als er Schlingel ent-

Abb. 42. Das Koboldhaus.

Abb. 43. *Das Baumgesicht.*

deckte, fragte er: ›Ach, du bist es, Schlingel! Warum störst du mich in meiner Nachtruhe?‹
Das Einhorn antwortete ihm, dass die Feenkönigin den Kobold sprechen möchte. Aruba
erzählte Grimaldo von der Vorhersage der Quelle. Dieser bedankte sich für die Warnung.
Er und seine Freunde packten ihre wichtigsten Sachen und brachten sie in Sicherheit.

Die Kobolde konnten sich vor dem Hochwasser retten, aber ihre Häuser und Wohnungen
sind leider vom Bach fortgerissen worden … und das Aufbauen kostete sie viel Mühe!«

Vielleicht könnt ihr ihnen helfen, ihre Häuser wieder aufzubauen? Damit diese noch besser beschützt sind, dürft ihr ein Gesicht auf einem Baum gestalten. Das ist dann einer der
Baumriesen, der nun die Koboldsiedlung bewachen wird. Lehm als Klebstoff findet ihr auf
der anderen Bachseite an der Bachschleife.

»… und was wurde aus Aruba? Sie besuchte wirklich Druimir, den Feenprinz, und blieb bei
ihm. Seither leben sie glücklich und zufrieden in seinem Schloss am Wallersee.

Natürlich besucht Aruba ihre Freundin, die Quelle und auch die Koboldsiedlung, aber
auch Schlingel wird immer ein Schlingel bleiben.«

Der Rückweg erfolgt wie der Hinweg. Abenteuerlustige aber dürfen dem Wildwechsel,
den Hang aufwärts nach Westen, folgen. Sie kommen dann entweder auf die Straße nach
Lengroid und folgen dieser abwärts bis zum Ausgangsort oder sie können steil den Hang
hinunterkraxeln, -rutschen, um bei der Brücke vor der Hangroidmühle auf die Asphaltstraße
des Hinweges zu gelangen.

Dieser so lieblich wirkende Bach kann bei heftigen Regenfällen enorme Ausmaße annehmen,
auch seine Strömung ist nicht zu verachten. Davon zeugt ein Marterl an der Brücke im Ort
Pfongau, das an das Schicksal eines Buben erinnert, der in den Bach gefallen ist.

Abb. 44. *Schloss Pfongau.*

Dieser Bach diente auch als Motor für die entlang des Baches errichteten Mühlen, (Schlossmühle, Bäckermühle, Rinnermühle, Hangroid- und Hangwaldmühle), welche teilweise bis 1958 in Betrieb waren. Hierhin brachten die Bauern ihren Troad (Getreide). Die Gebäude stehen heute noch, vereinzelt sind auch die Mahlsteine sichtbar.

Da auch im Märchen ein Schloss (⑤) erwähnt wird, soll auch auf die Geschichte des Schlosses Pfongau hingewiesen werden. Dieses wurde ursprünglich als Wasserburg angelegt und wurde seit dem Beginn des 15. Jahrhunderts urkundlich erwähnt. Seine heutige barocke Gestalt erhielt es 1727 als Residenz und Jagdschloss der Grafenfamilie UIBERACKER.

Im Schlossinneren sind zwei Räume mit Deckenstuckaturen und barocken Fresken erhalten.

Um den romantischen Teil der Geschichte zu betonen, soll noch erwähnt werden, dass im Schloss Pfongau geheiratet werden kann.

Zum Schloss gehörten damals eine Reihe von untertänigen Bauerngütern, darunter drei Mühlen, die Schlossmühle, die Rinnermühle und die Hangroidmühle.

Der Ort Pfongau selbst ist eine der ältesten Siedlungen der Gemeinde Neumarkt am Wallersee. Archäologische Ausgrabungen im heutigen Gewerbegebiet förderten einen großen landwirtschaftlichen Komplex aus der römischen Epoche zutage. Getreidespeicher, Werkstätten, darunter eine Ziegelei, bezeugen das historische Alter des Ortes. Die Fundstücke sind im Museum Fronfeste im Ortszentrum von Neumarkt ausgestellt, das ebenfalls einen Besuch lohnt und auch für Eltern und Kinder interessante Programme anbietet.

An der östlichen Außenmauer der Kirche des hl. Martin in Pfongau ist das Relief eines römischen Legionärs zu sehen (⑥).

Der Name des Ortes wird auf das germanische Wort »Fan« zurückgeführt, was soviel wie »Sumpf« oder »Schlick« bedeutet. Dieses reichhaltige Lehmvorkommen war die Basis der Ziegelproduktion des römischen Gutshofes.

Auch in unserem Wald, den Hangwaldbach entlang, gibt es zahlreiche Stellen mit Lehm, der für kreatives Arbeiten und Gatschen einlädt.

Der Troadkasten war vier Jahre lang Hauptquartier des Neumarkter Waldkindergartens. Von hier aus unternahmen die Waldfüchse zahlreiche »Forschungsreisen« durch den Wald, entdeckten die Quelle, sa-

Abb. 45. *Das Relief eines römischen Legionärs.*

Abb. 46. *Das Herzerlfenster ins Reich der Elfen, Feen und Kobolde.*

hen Libellen beim Schlüpfen zu, Kaulquappen bei der Entwicklung zum Frosch, den Larven des Feuersalamanders beim Fressen.

Siebenschläfer und Mäuse bewohnten den Troadkasten und stibitzten so manche Leckereien. Eichhörnchen sammelten dort Nüsse, Eicheln und Fichtenzapfen, Amseln, Kleiber, Zaunkönige bauten dort ihre Nester. Drosselkinder hüpften am Boden und wollten gefüttert werden.

Literatur

Deinhammer, H. (2001): Haus- und Hofchronik. – Neumarkt am Wallersee.

Früchte der Venus. 25. Juni 2010 bis 1. März 2011. Begleitheft zur gleichnamigen Ausstellung im Museum Fronfeste – Stadt Neumarkt.

Goiginger, J. (1993): Neumarkt am Wallersee. Die Entstehung seiner Landschaft und seine Geschichte. – Neumarkt.

Zaisberger, F. & W. Schlegel (1992): Burgen und Schlösser in Salzburg: Flachgau und Tennengau. – St. Pölten.

Herzensbrief an den Buchberg

HELMA SCHIMKE

Lage: Naturpark Buchberg im Salzburger Seenland – Gemeinde Mattsee.

Anfahrt: Von Salzburg nach Obertrum über die L 101 und weiter in Richtung Mattsee. Gleich nach Obertrum bei Außerhof rechts zum Naturpark Buchberg abbiegen. Auf der Gemeindestraße immer geradeaus bergauf fahren bis zum Parkplatz Reiterhof Hiab. Fahrzeit 30 Minuten. Mit Bus Nr. 120 von der Stadt Salzburg nach Mattsee und von hier aus auf dem Wanderweg, der bei der Volksschule beginnt, auf den Buchberg. Fahrzeit mit dem Bus 45 Minuten.

Alternativ: Mit dem Bus Nr. 120 bis Obertrum und dem Chauffeur mitteilen, dass man nach Außerhof fahren möchte. In Obertrum umsteigen und von Außerhof auf der Straße hinaufwandern zum Gehöft Hiab. Diese Busse verkehren Montag bis Freitag.

Dauer: 2 bis 3 Stunden.

Länge: 2 km.

Höhenunterschied: 150 m.

Auch wenn die gesamte Exkursion auf Wanderwegen verläuft, ist gutes Schuhwerk erforderlich.

Näheres zum Naturpark findet man unter www.mattsee.at.

Wandern am Buchberg

Auf dem Buchberg sind Natur und Kultur auf das Engste miteinander verknüpft. Um beide Aspekte zu zeigen, gibt es sechs Themenwege über die Besiedelungsgeschichte und Radiästhesie (Kraftweg), die Arbeit der Bauern zu früherer Zeit (Bauernweg), Sagen und Legenden (Sagenweg), wild wachsende Gemüsearten mit Rezepten für die Küche (Wildgemüseweg), die heimischen Vögel (Vogelweg) und die vielfältigen Funktionen des Waldes (Waldweg). Der Gipfel-Rundweg informiert darüber hinaus über allgemein Wissenswertes.

An den Ausgangspunkten der einzelnen Themenwege, wo sich jeweils ein Parkplatz befindet, wurden die Übersichtstafeln »Ausgangspunkt Buchberg-Wanderung« aufgestellt. Von diesen führen die Themenwanderungen sternförmig zum Gipfel-Rundweg. Alle Themenwege sind mit den gelben Wanderwegschildern durchgehend markiert.

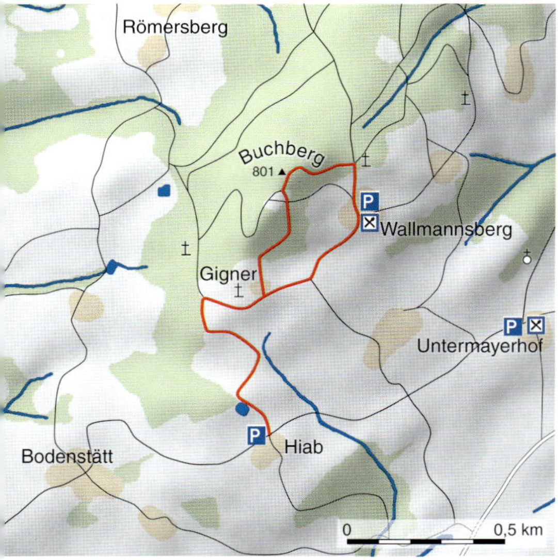

***Abb. 48.** Verlauf des »Kraftwegs« auf dem Buchberg.*

Die Naturparkwanderung am »Kraftweg« beginnt am Ausgangspunkt Parkplatz Hiab. Von hier aus geht es, der gelben Beschilderung folgend, zur Naturpark-Informationsstelle, herrlich gelegen am Hiaber Weiher. Dort befinden sich auch der Eiszeit-Findlingspark, das Baumhaus und die keltischen Grabhügel. Weiter geht es über das Gehöft Gigner zur Aussichtsterrasse. Von hier aus genießt man, wenn man den kleinen Aussichtsturm

◁ ***Abb. 47.** Naturpark Buchberg.*

Abb. 49. Eiszeit-Findlingspark.

besteigt, einen herrlichen Panoramablick. Bankerl, Tische etc. laden zum Verweilen ein. Weiter geht auf den 801 Meter hohen Gipfel. Das Gipfelkreuz lädt zur Andacht ein – zum Erholen gibt es Sitzgelegenheiten. Der »Abstieg« verläuft über die »Wallmisch-Kapelle« – gleich nebenbei findet sich das Naturparkdenkmal von EGON JINDRA – mit einem wunderschönen

Abb. 50. Weg durch den Wald.

Blick auf die Egelseen zum Gasthaus Alpenblick. Von dort aus geht es auf dem schmalen »Bauernstraßl« zurück zum Ausgangspunkt bei der Hiab.

Die wechselvolle Geschichte des Naturparks

Vorgeschichte. Bereits Ende des 19. Jahrhunderts stand auf dem Buchberg, Haunsberg und Tannberg – für wenige Jahrzehnte – eine Aussichtspyramide.

Der erste Naturpark. Nachdem man am Buchberg durch Abholzungen (1958) einen herrlichen Rundblick schuf, wurden 1962 die 3800 Quadratmeter Gipfelbereich für die Verbauung freigegeben. Daraufhin begann man mit dem Bau einer Zufahrtsstraße (Raiffeisenweg) und eines Parkplatzes (Aussichtsterrasse). Da jedoch das Bauvorhaben ins Stocken geriet, bekundete die Mattseer Gemeindevertretung im Mai 1969 ihr Interesse, durch Ankauf, den Gipfel der Öffentlichkeit zugänglich zu erhalten. Doch es fehlte an Geld. Im Dezember 1969 wandte sich die Gemeinde bezüglich Finanzierung an den Österreichischen Naturschutzbund, Landesgruppe Salzburg, dessen ehrenamtlicher Geschäftsführer der Hauptschullehrer (späterer Direktor) HANNES MARINGER war. Am 4. August 1970 kam es zur Unterzeichnung des Kaufvertrages: 1,2 ha für 900000 Schilling (65407 Euro). Erstmals im Land Salzburg wurde Bauland in Grünland rückgewidmet. Der Naturschutzbund verpflichtete sich, den Gipfelbereich für immerwährende Zeit der Öffentlichkeit als Aussichtsberg zu erhalten und ihn als Naturpark auszugestalten. So wurde eine infrastrukturelle Grundausstattung geschaffen (Parkplätze, Wegenetz, Rastplätze, Wegweiser, Tafeln, Orientierungstisch etc.), sodass am 24. Juni 1972 der Naturpark feierlich eröffnet werden konnte. Im Jahr 1977 verlor der Buchberg aufgrund einer Neuformulierung des Naturschutzgesetzes seinen Status als Naturpark, was aber den Naturschutzbund nicht daran hinderte, 1980 die »Buchberg-Terrasse« käuflich zu erwerben.

Der neue Naturpark. Im Jahr 2006 wurde mit Zustimmung von 7 Grundeigentümern auf einer Fläche von 34,7 Hektar der »Geschützte Landschaftsteil Buchberg« von der Bezirkshauptmannschaft verordnet und damit die Grundlage für die Erklärung zum Naturpark geschaffen. 2008 waren alle Auflagen erfüllt, sodass dieser »neue Naturpark« feierlich eröffnet werden konnte.

Der Naturraum

Landschaft. Der Buchberg (801 m ü. M.) überragt auf eindrucksvolle Weise das Salzburger Seenland. Im Westen und Norden liegen der Obertrumer See, Mattsee und Grabensee, im Osten die Egelseen, die als Natur- und Landschaftsschutzgebiete ausgewiesen sind.

Geologie. Der Buchberg besteht aus den Flyschgesteinen Sandstein, Mergel und Tonstein, die aus Sand, Schluff und Ton entstanden. Diese wurden vor 100 bis 55 Millionen Jahren (Oberkreide bis Alttertiär) von Flüssen in den Tethys-Ozean eingeschwemmt und in Meeresgräben abgelagert. Die Kräfte der Alpenentstehung erhoben die Tiefseegräben zur Landoberfläche und verfestigten die Lockermaterialien zu Gesteinen.

Eiszeit. Nach der Herausbildung der Landschaft des Salzburger Flachgaus waren es nun die eiszeitlichen Gletscher, die den weichen Flyschgesteinen zusetzten. Der Salzachvorlandgletscher wälzte sich wie ein Eispanzer über die Landschaft, überschliff dabei den Felsuntergrund und schuf eine sanfte »Hügellandschaft«. Am Höhepunkt der Würm-Eiszeit (vor 22000 Jahren) ragte der Buchberggipfel nur 50 Meter aus dem Eis heraus.

Abb. 51. »Willkommen im Naturpark«.

Boden. Die weichen Ausgangsgesteine verwittern relativ rasch zu leicht sauren, relativ schweren Braunerdeböden. Die Böden sind für Wiesenbewirtschaftung gut geeignet, während sie bei Beweidung und Ackernutzung zu Verdichtung und somit zu Rutschungen neigen. Die Wasseraufnahme der Böden ist schlecht, weshalb die meist tief eingeschnittenen Bäche bei sommerlichen Gewittern mit Starkregen oft sprunghaft anschwellen.

Klima. Für den Buchberg selbst liegen keine Klimadaten vor, so sind die Daten der Station Mattsee (508 m ü. M.) nur bedingt aussagekräftig. Dort betrug zwischen 1971 und 2000 die Mitteltemperatur 8,5 °C, der durchschnittliche Niederschlag 1300 mm. Der Buchberg hat eigene Gesetze: tiefere Temperaturen (angenehm im Sommer), mehr Sonnen-, weniger Nebeltage im Herbst und Winter, viele Tage mit Schneedecke im Winter.

Wälder. Der Buchberg birgt die Artenvielfalt eines naturnahen Waldmeister-Buchen-Tannen-Fichtenwaldes, der bei den hier gegebenen Boden- und Klimabedingungen die standortgemäße Waldgesellschaft der montanen Höhenstufe (600–801 m) darstellt. So bilden Rotbuche, Tanne und Fichte, seltener auch Bergahorn, Esche und Föhre den Baumbestand. Die meisten dieser Bestände sind altersmäßig gut durchmischt und weisen eine gut entwickelte Strauch- und Krautschicht auf. Die Bodenflora ist geprägt durch Frühlingsblüher wie Buschwindröschen, Scharbockskraut, Bärlauch und Leberblümchen. Daneben finden sich artenarme Fichtenforste.

Abb. 52. *Schautafel am Waldweg.*

Wiesen. Die der montanen Höhenstufe am Buchberg entsprechenden, ehemaligen Glatthaferwiesen werden nunmehr vorwiegend mit Gülle gedüngt und häufig – drei- bis viermal pro Jahr – geschnitten. Dies bedingt heute eine relativ geringe Artenvielfalt. Einige Flächen werden im Herbst beweidet. Bunte Wiesen mit höherem Kräuteranteil wie Witwenblume, Margerite, Bocksbart, Wiesenglockenblume und Schafgarbe finden sich nur kleinflächig auf Böschungen und an Waldrändern, eben dort, wo weniger intensiv bewirtschaftet wird.

Wildtiere. Neben den im Kapitel »Jagd« erwähnten, bejagbaren größeren Tieren treten im artenreichen Mischwald und den Waldsäumen eine Reihe von Kleinsäugern wie Siebenschläfer und Eichhörnchen, weiters Singvögel (Meisen, Finken, Häher etc.), Eulen, Spechte und Raubvögel wie Mäusebussard, Turmfalke, Habicht und Sperber auf. An blühenden Wiesenrainen finden sich Schmetterlinge und Wildbienen.

Der Siedlungsraum

Prähistorische Siedlungsspuren. Der Gipfel des Buchbergs gehört zu den ältesten Siedlungsplätzen im Salzburger Flachgau. Wurzeln reichen bis in die späte Bronzezeit (Urnenfelderzeit, 1300–800 v. Chr.) zurück. Die Blütezeit der Höhensiedlung am Buchberg fällt in die Ältere Eisenzeit (Hallstattzeit, 800–480 v. Chr.). Die einstigen Gebäude der Höhensiedlung sind längst verfallen. Zu sehen sind noch ehemals zur Befestigung angelegte Randwälle und Gräben im Wald, sowie mehrere Grabhügel im Wald, nahe dem Gehöft Hiab.

Grabhügel bei Hiab. Die Grabhügel beim Gehöft Hiab dürften zur Höhensiedlung am Gipfel des Buchberges gehören. Bei der Brandflächen- oder Scheiterhaufenbestattung erfolgte die Leichenverbrennung vor Ort. Die Grabbeigaben (Lanzenspitze, Gürtelhaken, kleines Messer aus Eisen und Tongefäße) wurden meist erst nachher ins Grab gelegt und daraufhin ein Lehmhügel darüber aufgeschüttet. Die Grabungen 1997–1999 (HÖGLINGER, Universität Salzburg) förderten weitere Keramik- und Metallfunde zu Tage, unter anderem metallische Reste eines Pferdezaumzeuges, das typisch für ein Kriegergrab ist.

Die Römer am Buchberg. An den Ausläufern des Buchberges wurden bereits im 1. Jh. n. Chr. römische Gutshöfe in Obernberg, Mölkham und Schalkham errichtet. Diese bewirtschafteten Herrenfamilien mit Hilfe von Gesinde und Sklaven. Die landwirtschaftlichen Erzeugnisse dienten der Eigenversorgung und der Stadtbevölkerung von Iuvavum (Salzburg). Ihre Lage bestimmten die Wasserversorgung, die Fruchtbarkeit der Böden sowie landschaftsästhetische Aspekte. Erste Grabungen wurden vom Schriftsteller und Archäologen ANTON BREITNER aus Mattsee geleitet und im Buch »Iuvaviae rudera« dokumentiert.

Das Gehöft Hiab. Das Hiabergut wird in frühester Nennung (um 1480) als »ayn Hueben gelegen am Puechperig in Matzseär Gericht« bezeichnet, wobei die Gründung bereits 200–300 Jahre früher erfolgt sein dürfte. Das Beutellehen des Salzburger Erzbischofes wechselte oftmals den Besitzer. Einer davon war der Salzburger Bürger und Handelsmann RUPERT LASSER (ab 1515), dem Namensgeber der Lasserstraße in der Stadt Salzburg. Der 1. Hiaberbauer mit heutigem Namen war JOHANN HANDLECHNER (1839–1901).

Landwirtschaft. Die typische Hofform ist der Einhof mit einer Einödblockflur, wobei Wiesen und Äcker blockartig den Hof umgeben. Erst im Zuge der Spezialisierung der Höfe zu Milchwirtschaftsbetrieben wurden diese ab der 2. Hälfte des 20. Jahrhunderts sukzessive erweitert. So entstanden T-Höfe mit größeren und kleineren Nebengebäuden, wie Austraghäusern, Getreidekästen, Backöfen, Waschküchen, Mühlen, Sägegatter etc. Die Ortschaft Wallmannsberg, die höchstgelegene Siedlung am Buchberg, sowie die Gehöfte Hiab (Vollerwerb), Tauchner (Vollerwerb) und Gigner (Nebenerwerb) liegen am Rande des Naturparks. Die Landwirtschaft im Bereich des Naturparks Buchberg ist geprägt durch Grünlandwirtschaft (Heumilcherzeugung) und Forstwirtschaft.

Abb. 53. Gigner-Bauer.

Forstwirtschaft. Die Forstwirtschaft im Naturpark wird durch fünf Grundeigentümer (Wagner, Gigner, Tauchner, Hiaber, Naturschutzbund Salzburg) in nachhaltiger Weise betrieben. Die Bewirtschaftung ist darauf ausgerichtet, dass der standortgemäße Waldmeister-Buchen-Tannen-Fichtenwald in seinem Bestand erhalten bleibt. Die wenigen Fichtenforste werden nach und nach in Mischwälder umgewandelt. Die schonende Holzernte erfolgt ausschließlich im Winter.

Jagd. Die Jagd(wirtschaft) ist ein Zweig der Land- und Forstwirtschaft und wird im Naturpark Buchberg als Gemeinschaftsjagd betrieben. Die Hauptwildart ist das Rehwild. Es gilt als Kulturfolger und passt sich veränderten Lebensbedingungen (Landwirtschaft, Tourismus) rasch an. Das Niederwild dominiert der Hase, das Raubwild der Fuchs, Dachs und Marder. Das Federwild umfasst Fasane, diese finden sich aber aufgrund fehlender Brachflächen nur mehr vereinzelt am Fußes des Buchbergs, weiters Wildtauben sowie einige Beutegreifer.

Abb. 54. *Blick auf den Buchberg von Mölkham aus.*

Mein Buchberg

Die »Aufgabe« lautete, zumindest aus meiner Sicht, den Mattseer Buchberg zu beschreiben, die Aufstiegsvarianten klar darzustellen und natürlich die annähernden »Gehzeiten« halbwegs verlässlich zu benennen.

Es kristallisierte sich jedoch bald heraus, dass ich als alte, konservative Alpinistin keineswegs dazu fähig bin. Das hat nun weniger mit dem sachlichen Verstand zu tun, als mit der unheilvollen und unwillkommenen Veranlagung, sich immer wieder von Gefühlsattacken überrumpeln zu lassen.

Wenn man den Buchberg von den ersten Kindheitsjahren an kennt und ihn mit kurzen und langen weltpolitischen Unterbrechungen erleben durfte, erweist es sich als nahezu unmöglich, ihn sozusagen »gebrauchsfertig« darzustellen.

Lieber Buchberg, ich habe Obiges gewissenhaft versucht, aber ich hatte sehr plötzlich das Gefühl, Dich zu skelettieren.

Das darf nicht sein!

Wer dich wirklich kennenlernen will, möge sich die verlockenden Wege zu dir, im Sommer wie im Winter, bei Sonne, Regen oder Nebel, selber auswählen und suchen und sie – jeder auf seine persönliche Art – erforschen, genießen und erobern: Du bist kein Untersberg, kein Großglockner und kein Mont Blanc. Du forderst kaum etwas von dem, was man alpine Erfahrung nennt. Unter deinen Laubdächern und unter deinem Nadelgeäst sich zu verirren, wäre fast ein logistisches Meisterstück.

Er, der Buchberg, ist eigentlich ein Nicht-Berg, ein Gupf, ein alpines Zwerglein, aber im Laufe eines langen Menschenlebens wächst er unvermittelt zu einer fast weihevollen Örtlichkeit heran. Wenn man ihn »eingemeindet« hat, wird er zum handfesten, treuen Freund.

Jeder halbwegs »gehlustige«, neugierige Naturliebhaber, der den Buchberg besuchen will, hat die freie Wahl des Weges.

Vom Zauberörtchen Mattsee aus, wie vom flach und behutsam in die Landschaft eingebetteten Schleedorf, von den kleinen Egelseen, vom Wirtshaus nahe der liebenswürdig und beharrlich gepflegten Kapelle, oder direkt vom Obertrumer See, niemand kann sich hier gefahrenträchtig deinem Scheitelpunkt nähern, keiner kann sich ernsthaft und wahrhaftig verirren, selbst wenn er nicht immer präzise spürt, wo Norden und wo Süden liegt.

Du lieber Buchberg, bist buckelig bis oben, du prahlst mit keinen Abenteuern in der Vertikalen und überrascht dennoch mit kamerafreundlichen Bildausschnitten, die einem den Atem rauben können.

Tatsächlich den Atem nehmen kannst du einem trotz deines kleinen, sanften Wuchses unter Umständen im Winter. Da verblüffst du plötzlich mit Schneewulsten und parallel verlaufenden Wächtengebilden, die man dir eigentlich kaum zugestehen will, genausowenig wie die kältestarren Eisnadelreihen an den dürren Fichtenästen oder gar die bizarren Internatskrägelchen an den Buchentrieben, die dir der verwegene Ostwind, ohne zu fragen, manchesmal verpasst hat.

Es kann auch geschehen, dass dieser kaltschnäuzige Ostwind sich mit Schärfe und Wucht in deine Baumkronen verbeißt und deine edelschlanken Stämme segmentartig verbiegt.

Ein andermal, beim frostig-eiligen Abstieg durch den südseitigen Fichtenwald fühlt sich die Luft glaseisig an, die eleganten Fichtenstämme erscheinen in ihrem kerzenartigen Wuchs scheinbar vertikal halbiert: ihre Nordflanke glänzt abweisend, eisig dunkel, die andere Hälfte ist unglaubwürdig, mattenartig bestäubt. Fast wie »aufgebügelt« wirkt der windgepresste, dünnhäutige Kaltschnee.

Der Atem ist zur kurzen, weißen Rauchfahne angewachsen.

Man zieht die Haube tiefer über die Ohren, obwohl man nur den Mattseer Buchberg besucht.

Es ziemt sich nicht, mit vereisten Brauen und roten Nasenspitzen an den Sommer zu denken.

Man tut es trotzdem ... und man erwartet irgendwie spannungsgeladen die feucht dampfenden Wiesen im Frühjahr und vor allem die ersten neugierigen Gänseblümchen, die vorwitzig zwischen den letzten Schneeresten ihre Nasen hochrecken.

Man träumt vom Sommer, und schon ist er da.

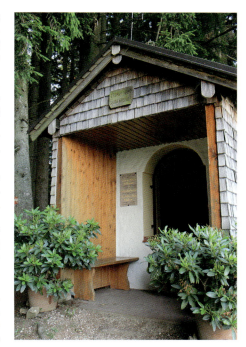

Abb. 55. *Wallmischkapelle.*

Abb. 56. *Winterwanderung.*

47

Abb. 57. Blick auf den Wallersee und den Dachstein.

Abb. 58. Obertrumer See mit Haunsbergrücken.

Abb. 59. Der Blick in die Alpen.

Der Rundumtanz um den Buchberg findet keinen Anfang und kein Ende. Vom südlichen Waldrand sind's nur ein paar Schritte Richtung Osten: In einer langen, flachen Sichtgeraden liegt da unten schattenhaft, schmalhüftig der Wallersee, fern begrenzt vom leicht geschweiften Rücken des Kolomansberges.

Auf der gegenüberliegenden Seite, also an die Westhänge des Buchberges schmiegt sich friedlich der Obertrumer See, behutsam an die Basis des Haunsberges gebettet. Richtung Norden scheint dieses Gewässer kein Ende zu finden. Unbekümmert um die Sicht der Geographen mengt er sich kühn in die verwirrende Wasserbuchten-Vielfalt des Mattseer Beckens, fernab, kaum spürbar begrenzt vom dunklen, langflächigen Riegel des Kobernaußerwaldes.

  Der Rastplatz am Südhang des Buchberges ist im Verlauf der Jahrzehnte zum geliebten Fixpunkt geworden. Die alte Holzbank unter dem weit ausladenden Buchengeäst

Abb. 60. Die Kraftbuche.

Abb. 61. Mittelpunkt der Welt.

und diese mehr als 180-grädige Sicht nach Ost, Süd und West, dieser weite Segmentbogen vom Traunstein zum Höllengebirge, über Schober, Osterhorngruppe, Tennengebirge bis zum »Stadtwächter« Gaisberg, über Göll, Untersberg, Lattengebirge und Hochstaufen fast bis zur Kampenwand.

Vom Frühjahr bis zum späten Herbst grasen hier nahe der Holzbank rundherum die Kühe und es gackern unter der gestrengen Aufsicht eines eitelbunten Riesenhahnes die glücklichsten Hühner der Welt.

Vom stolz gelegenen Bauernhof weist quer durch die Hühnergarde ein neues Alpenvereinsschild den markierten Anstieg zum Gipfel.

Wenn man diesen Hinweis aber als alteingesessener Buchberggeher hartnäckig ignoriert, kann man in kurzen, slalomartigen Achterkurven jenen alten Ziehweg erreichen, der von Jahrzehnt zu Jahrzehnt jeweils ein bisschen breiter geworden ist.

Er leitet über den fidelen Kinderspielplatz auf dem kleinen Plateau direkt zur Gipfelkalotte und unvermittelt zum Kraftbaum, zur Rotbuche, die man, wenn niemand in der Nähe weilt, immer wieder verstohlen und gläubig umarmt.

Der kleine, sanfte Buchberg im Salzburger Flachgau ist dann für einen Herzschlag lang der Mittelpunkt der Welt.

Literatur

AMT DER SALZBURGER LANDESREGIERUNG UND BAYERISCHES LANDESAMT FÜR DENKMALPFLEGE (Hrsg., 1996): Archäologie beiderseits der Salzach. Bodenfunde aus dem Flachgau und Rupertiwinkel. – Salzburg.

MARKTGEMEINE MATTSEE (Hrsg., 2005): Mattsee Chronik. – Mattighofen.

VEREIN NATURPARK BUCHBERG (Hrsg., 2014): Über den Buchberg. – Mattighofen.

Beide Bücher sind im Gemeindeamt der Gemeinde Mattsee erhältlich.

WALLMANN, H. (1871): Mattsee und seine Umgebung. – Wien.

In Arnsdorf auf den Spuren von FRANZ XAVER GRUBER

HILTRUD OMAN

Lage: Der Wanderweg von Arnsdorf nach Oberndorf liegt im Salzburger Flachgau. Er durchläuft die drei Gemeinden Lamprechtshausen, Göming und Oberndorf.

Anfahrt: Per Zug vom Bahnhof Salzburg mit der Lokalbahn (Abfahrt halbstündlich) bis Arnsdorf (25 min.), von der Haltestelle 20-minütiger Fußweg über Niederarnsdorf zum »Stille Nacht Museum« (www.stillenachtarnsdorf.at; Tel. +43 664 1589400) und zur Wallfahrtskirche »Maria im Mösl«.
Per Auto von der A 1 Salzburg Nord abfahren und über die B 156 (Richtung Oberndorf, Braunau) nach Arnsdorf.

Wegverlauf: Von Arnsdorf über Gunsering (20 min.) nach Kirchgöming (40 min.), von dort über Ziegelhaiden den Kirchsteig hinunter nach Alt-Oberndorf in den Stille-Nacht-Bezirk (50 min.).

Wegbeschaffenheit: Asphaltiert, wenig Höhenunterschied, Treppen-Passage (Kirchsteig).

Gehdauer: Ab Stille-Nacht-Platz Arnsdorf knapp 2 Stunden.

Einkehrmöglichkeit: Stille-Nacht-Hof in Arnsdorf, gegenüber dem Museum, wochenends geöffnet.

Sehenswert am Ausgangspunkt: »Stille Nacht Museum« Arnsdorf, Wallfahrtskirche »Maria im Mösl«, Axel-Corti-Grab, Stille-Nacht-Brunnen, Kaiserlinden wie auch das hölzerne, schmucke »Schneiderhäusl« (aus der Zeit F. X. GRUBERS) in unmittelbarer Nachbarschaft.

Während in früheren Jahrhunderten die Motivation bzw. die Notwendigkeit des Gehens von einem Ort zum anderen meist mit der Arbeit (z. B. auf dem Feld), der wöchentlichen Marketenderei, dem Besuch der Schule oder der Kirche am Sonntag verbunden war, gehen wir heutzutage ganz anders an einen Weg heran. Der Weg zur Arbeit hat auf Grund der modernen Zeitnot und massiven Frequentierung an innerer Bedeutung verloren, wir wollen ihn möglichst schnell hinter uns bringen. Einen »Freizeit-Weg« hingegen suchen wir uns nach persönlichen Interessen aus, wir wollen ihn genießen, möchten uns unterwegs laben, am besten in unberührter Natur, in Naturschutzgebieten oder Naturparks. Die Einen wollen ihr Ziel durch Schönheit oder die neue Form von Spiritualität erreichen, die Anderen schwören auf Abenteuer, trendig ist der Weg als Ziel.

Allerdings, Natur mit Kultur auf einem Weg zu verbinden, kann in Pilgern ausarten, ist dies doch eine neue Welle des Wanderns geworden. Zahllose Pilgerwege vernetzen Europa, stolze neun allein das Bundesland Salzburg. Eine Tendenz unserer Bildungsgesellschaft liegt eben in der Revitalisierung alter Wege, im Bemühen sie mit möglichst präzisen Informationen auszustatten, um sie für jene Menschen attraktiv zu machen, die sich auf Spurensuche nach historischen Persönlichkeiten oder Heiligen begeben und dabei Entschleunigung oder Entmaterialisierung von Werten bewusst erleben wollen.

Ein Weg, der solche Zielvorstellungen erfüllen kann, ist jener, den CONRAD FRANZ XAVER GRUBER (1787–1863), der Komponist des Liedes »Stille Nacht! Heilige Nacht!«, unzählige Male gegangen war oder dessen Winterschnee er gar gespurt haben mag: Er führt von Arnsdorf, dem Ursprungsort des weltberühmten Weihnachtsliedes nach Alt-Oberndorf (früher »Österreichisch Laufen«), jenem Ort, in dem das Lied erstmals gesungen wurde (1818).

Arnsdorf, der liebliche, an frühere Zeiten erinnernde Flecken Erde ist geografisch eher wenig in den Köpfen der Menschen verankert, an Weihnachten jedoch wird in der ganzen Welt jenes Lied angestimmt, das hier entstanden ist: »Stille Nacht! Heilige Nacht!«. 1816 wurde es literarisch von dem Hilfspriester JOSEPH MOHR (1792–1848) in Mariapfarr im Lungau verfasst, 1818 von FRANZ XAVER GRUBER in Arnsdorf vertont und unmittelbar darauf am

◁ **Abb. 62**. *Wallfahrtskirche »Maria im Mösl«, Arnsdorf.*

Heiligen Abend von beiden in der ehemaligen, doch nur bis 1903 in Betrieb gehaltenen Schiffer-Kirche St. Nicola in Alt-Oberndorf gesungen und gespielt.

Um von der Stadt Salzburg an die örtliche Quelle dieses Liedes zu gelangen, lässt man die Gebirgswelt hinter sich und schlägt, entlang der Salzach, den Weg in Richtung Norden ein, wo der langgezogene Haunsberg-Rücken sich in das breite Salzburger Becken hinein-streckt. Er bildet die Schwelle zu einer eiszeitlich alten, für das Auge sehr wohlgefälligen Hügel- und Moorlandschaft. In einer Entfernung von rund 25 Kilometern außerhalb der Landeshauptstadt weist sie neben den dicht besiedelten Regionalzentren Oberndorf und Lamprechtshausen viele kleinstrukturierte Dörfer, Siedlungen, Weiler und Hofanlagen mit Streuobstwiesen auf.

Abb. 63. Übersichtskarte der Wanderung von Arnsdorf nach Alt-Oberndorf.

Abb. 64. *Arnsdorf, Gemeinde Lamprechtshausen.*

Das Landschaftsbild ist geprägt durch die landwirtschaftliche Nutzung von fetten Klee-wiesen und prächtigen Getreideäckern von Gerste, Weizen und Hafer. Das muss im 19. Jahrhundert, als das Land wesentlich dünner besiedelt war, ähnlich gewesen sein. Darüber berichtete der Wiener Mönch ALBIN BUKOWSKI in seinem Tagebuch vom Sommer 1835 (also nur wenige Jahre nach GRUBERS Wirken in Arnsdorf), anlässlich einer mehrwöchigen Reise (teils zu Fuß) von Wien nach Salzburg und von Michaelbeuern via Laufen nach München.

Abb. 65. *Gunsering, Haunsberg, Untersberg.*

Abb. 66. »F. X. Gruber Schule« in Arnsdorf, heute mit dem »Stille Nacht Museum«.

Er bestaunte die Gegend als »mit schwerer Frucht bebaute Fläche« und beobachtete, dass hier »der meiste üppigste Hafer« stand. Nur – im Unterschied zur damaligen Zeit – fehlen heutzutage die romantisch himmelblau blühenden Flachsfelder, »die in der Ferne wie Teiche erscheinen«. Der Mönch kutschierte zwischen »walddichten Hügeln« vom Wallfahrtsort Maria Plain zum Stift Michaelbeuern. Er verweilte kurz in der Benediktinerabtei, wo sich sein Blick an einem großen Hopfengarten erfreute; die Umgebung nahm er als »still, einsam, aber doch lieblich« wahr.

Unweit von hier lebte und wirkte F. X. GRUBER von Sommer 1807 bis Januar 1829 in Arnsdorf. Die Wallfahrtskirche »S. Maria Armsdorf« (heute »Maria im Mösl«) wie auch die Schule daneben waren in dieser Zeit der Benediktinerabtei Michaelbeuern unterstellt.

»F. X. Gruber Schule« und »Stille Nacht Museum« in Arnsdorf

Nach der wohl ersten Errichtungsform (1771) des heutigen Schul- und Museums-Gebäudes wurde das Haus 1842 umgebaut und bewohnbar gemacht (Recherche: J. HAUNSCHMIDT).

1789 verzeichnete der Lehrer ANTON DÜRINGER 29 Schüler, zu GRUBERS Zeiten waren es um die 50, während des 1. Weltkrieges (1918) bis zu 109. Heute, 2015, führt die kleine Dorfschule zwei Klassen mit 34 Schülern in vier Schulstufen.

Gleich rechts vom Eingang befand sich vormals die GRUBER-Klasse. Die Kinder sind stolz, dass sie in jenem geschichtsträchtigen Haus unterrichtet werden, wo einst das »Weyhnachtslied« komponiert wurde.

Im Obergeschoß beherbergen die ehemaligen Lehrer-Wohnräume das 1957 vom Schulleiterpaar JOSEF und OTTILIE AIGNER gegründete und 1961 eröffnete »Stille Nacht Museum«.

Abb. 67. Blick in die Ausstellung »Stille Nacht!« – Friedenslied im Schützengraben 1914.

Die Sammlung ist auf das Wirken F. X. GRUBERS in seiner Arnsdorfer Zeit und das »Stille Nacht«-Lied konzentriert. 2012 wurde das generalsanierte, restaurierte und neu konzipierte Museum mit dem Österreichischen Museumsgütesiegel ausgezeichnet.

Die Sonderausstellung 2014 war dem legendären Weihnachtsfrieden von 1914 an der Westfront bei Ypern gewidmet. Dort stiegen am Heiligen Abend Soldaten verschiedener Nationen, die sich zuvor noch bekriegt hatten, aus den Schützengräben, um ihre Waffen niederzulegen, ihre Helme abzunehmen, und stimmten in ihrer jeweiligen Muttersprache das damals schon international bekannte Lied »Stille Nacht! Heilige Nacht!« zum Friedensgruß an.

Eine historische Schulklasse erinnert an den Unterricht vergangener Tage. GRUBER wurde als Lehrer, auch von seinen Vorgesetzten, sehr geschätzt und pflegte einen sehr guten Umgang mit seinen Schülern.

Neben der alten Rauchkuchl beherbergt das Museum ein kostbares Ensemble von großteils barocken, hohen Krippenfiguren. Sehr wahrscheinlich stellte GRUBER, der auch als Mesner von »S. Maria Armsdorf« diente, die Kirchenkrippe jedes Jahr an Weihnachten dort auf.

Der 1787 im oberösterreichischen Unterweitzberg (Ortsteil von Hochburg-Ach) geborene CONRAD FRANZ XAVER GRUBER war im Sommer 1807 zum Kantor und zunächst provisorischen Lehrer nach Arnsdorf bestellt worden. Eine eigene Wohnung war nicht aufzutreiben, doch es ergab sich, dass er die Witwe seines Schulhalter-Vorgängers DÜRINGER, ELISABETH FISCHINGER (1774–1825) ehelichte und mit ihr den oberen Stock des Schulhauses bewohnen konnte. Nach ihrem Tod heiratete GRUBER 1826 MARIA BREITFUSS (geb. 1807), mit der er ins nahe Berndorf zog, wo er Anfang 1829 seine nächste Dienststelle als Lehrer und Organist (in der Wallfahrtskirche »Maria in den Erlen«) antrat. Von den zehn Kindern GRUBERS erreichten lediglich vier das Erwachsenenalter. Als dritte Frau ehelichte er KATHARINA WIMMER aus Böckstein, mit der er in Hallein als wohlhabender Bürger bis zu seinem Tod 1863 lebte. Sein dortiges Wohnhaus direkt gegenüber der Halleiner Stadtpfarrkirche beherbergt ein weiteres Stille-Nacht-Museum.

Die Wallfahrtskirche Maria im Mösl

Die Wallfahrtskirche Maria im Mösl dürfte als Erweiterungsbau einer Kapelle aus dem 13. Jahrhundert hervorgegangen sein. Sie weist einen spätgotischen Kern und einen dem 18. Jahrhundert entsprechenden Bau auf. »S. Maria Armsdorf« wurde 1520 eingeweiht und zählt zu den schönsten wie auch ältesten Marien-Wallfahrtskirchen Österreichs. Unbedingt sehenswert ist ihr Gnadenbild, eine wunderbar strahlende Madonnen-Figur mit Jesuskind, das goldene Trauben von ihrer Hand pickt. Das Werk wird der Werkstatt des Meisters MICHAEL PACHER (16. Jh.) zugeschrieben. Aus dem 18. Jahrhundert stammen die prachtvollen Engel von THOMAS SCHWANTHALER, die Eltern der Mutter Gottes (hl. Anna und hl. Joachim) von GEORG ITZLFELDNER, wie auch die anmutige Figurengruppe vom »Guten Hirten« auf der Kanzel. Im Außenbereich findet sich ein Beinhaus.

Das Turmuhrwerk, das auch das Orgelzifferblatt betrieb, schrieb der Turmuhrmacher MICHAEL NEUREITER dem Erbauer des Salzburger Glockenspiels JEREMIAS SAUTER (1650–1709) zu.

FRANZ XAVER GRUBER hatte als Kantor einen Chor zu leiten und die Orgel zu bespielen. Die Arnsdorfer Orgel wurde 1745 von ANDREAS MITTERREITER, Kurfürstlicher Orgelmacher in Altötting, errichtet und 1994 generalsaniert. Hier angemerkt sei, dass GRUBER außer dem Stille-Nacht-Lied viele Messen (z.B. die »Hochzeitsmesse«), Requien, geistliche und weltliche Lieder komponierte.

1820 wurden 300 Jahre Wallfahrt zu Arnsdorf gefeiert. Zum Fest, das eine ganze Woche dauerte, kamen rund 20000 Pilger. Übrigens pilgerten schon Fürst-Erzbischöfe wie LEONHARD VON KEUTSCHACH (1495–1519), JOHANN E. GRAF VON THUN UND HOHENSTEIN (1687), SIGISMUND III. CHRISTOPH VON SCHRATTENBACH (1753–1771) u.a. nach Arnsdorf, zuletzt die Erzbischöfe ALOIS KOTHGASSER (2003) und FRANZ LACKNER (2014).

Zu Fuß von Arnsdorf nach Alt-Oberndorf

Wie oft mochten GRUBER und MOHR diesen Weg zurückgelegt haben? JOSEPH MOHR kam ab August 1817 im Alter von 25 Jahren als erster Hilfspriester nach der Trennung vom baierischen Laufen ins nun österreichische Oberndorf, wo er F. X. GRUBER beim Orgelspielen kennen lernte. Er hatte die Organistenstelle von St. Nicola übernommen, um sein musikalisches Interesse zu vertiefen. Aus der kirchlichen Zusammenarbeit entstand jene Freundschaft, aus der das berühmte Lied »Stille Nacht! Heilige Nacht!« bleibend hervorging.

Der Fußweg vom idyllischen Arnsdorfer Stille-Nacht-Zentrum nach Oberndorf beginnt mit der zweiten Wegeinbiegung links, in Richtung zurück auf die Lamprechtshausener Bundesstraße. Schon nach wenigen Metern, links, auf dem Weg nach Gunsering, ist das Plätschern des Abflusswassers vom Löschteich zu hören. Er wird mit dem Wasser des »Fraunbachs« gespeist, der in einem kleinen Mischwäldchen oben auf dem Hügel von Dichtled (GRUBER buchstabierte es »Dichtlöd«) entspringt. Auf seiner kurzen Strecke durch Wald und Felder hat er mehrere Wasserzuläufe, an der Marienkirche von Arnsdorf fließt er unterirdisch vorbei. Sein Name steht wohl mit der »Frauenkirche« in Verbindung. Seit dem Mittelalter wurden Kapellen und Kirchen, die der Mutter Gottes geweiht waren, als Kirchen zu »Unserer

Abb. 68. *An der Quelle des Fraunbachs.*

Lieben Frau« (gemeint »Jungfrau« Maria) bezeichnet. Ob jemand mit dem Wasser des Fraunbachs je geheilt worden war, weiß heute niemand mehr zu erzählen, doch spricht man Wallfahrtsorten meist ortsgebundene, unerklärbare Kräfte zu.

Ab der Grenze zu Oberndorf heißt der Fraunbach »Apfelbach«.

Die Legende um die Entstehung der Marienkirche in Arnsdorf besagt, dass sie in der Nähe des Bächleins, wo es den Hügel hinunterfließt, hätte erbaut werden sollen. Jedoch wich das Gnadenbild stets von dieser Stelle ab und wurde immer dort aufgefunden, wo die Kirche jetzt ihren Platz einnimmt. Sogar die Baumaterialien seien von dem ursprünglich vorgesehenen Flecken ständig hinuntergeschafft worden, was umso verwunderlicher ist, weil der Boden hier nachgibt, zumal dieser Platz im Auslaufbereich des großflächigen Moores des nacheiszeitlichen Salzburger Beckens liegt. Der Unterbau der Kirche wurde daher entsprechend mit Pfählen gestützt.

Wegmarken

GRUBER mag den Weg zum Organistendienst nach Oberndorf wohl abseits des Fraunbachs genommen haben. Im 19. Jahrhundert und früher waren viele Wege mit Flurkreuzen und Kapellen zur Orientierung oder zum Innehalten für das Gebet versehen.

Von Arnsdorf in Richtung Gunsering trifft man schon bald auf ein hölzernes Feldkreuz (»Maurer-Kreuz«) mit einem markant geschnitzten, gekreuzigten Christus, dahinter, wie zu seinem Schutze, ein junger Kastanienbaum.

Die schmale, asphaltierte Straße verläuft zwischen Äckern und Weiden, immer parallel zum Fraunbach, dessen Lauf im Westen leicht erkennbar ist, durch die heimischen Hecken, die ihn säumen. Oben auf dem Hügel liegt Spöcklberg mit einem alten Erbhof. Der Urgroßvater des heutigen Hatzlbauers, JOHANN OICHTNER war einst Schüler von F. X. GRUBER gewesen. Seine Urkunden und Schulbücher zählen mit zu den wertvollsten Sammlungsgegenständen aus der Zeit GRUBERS im Arnsdorfer Museum.

Zwischen Weiden und Äckern steht an der Wegkrümmung ein weiteres Kreuz, das mit einem Spruch versehen ist. Wegkreuze erinnern an Heilige, an Naturgewalt oder sind Ausdruck der Hoffnung (z. B. für eine gute Ernte) oder des Dankes wie dieses hier. Sein Plätzchen ist stets frisch gejätet und liebevoll mit bunt blühenden Pflanzen geschmückt. Ab hier geht es abwärts, über die Fraunbach-Brücke hinein in ein Wäldchen, das GRUBER in seiner »Charte von der Pfarrey Lamprechtshausen im königl. baier. Landgerichte Laufen« als »Fraunholz« eingezeichnet hatte. Hier teilt sich der Weg: Geradeaus nach Oberndorf, links nach Kirchgöming.

Abb. 69. *Das »Maurer-Kreuz« auf dem Weg nach Gunsering.*

Abb. 70. *Flurkreuz entlang des Fraunbachs bei Spöcklberg.*

Der Gruber-Mohr-Gedenkgang am Heiligen Abend

Entlang der Route nach Oberndorf passiert jährlich am Heiligen Abend ein traditioneller, festlicher Fackelzug, der »Gruber-Mohr-Gedenkgang«. Ausgangspunkt ist der Stille-Nacht-Platz in Arnsdorf, Ziel ist die Stille-Nacht-Kapelle (1937) in Oberndorf, die das Publikum aus aller Welt magisch anzieht.

Der Gedenkgang wurde zu Ehren der beiden Liedschöpfer FRANZ XAVER GRUBER und JOSEPH MOHR vom Museumsgründer SEPP AIGNER in den 1950er-Jahren initiiert und wird bis heute von Mitgliedern des Kulturkreises Arnsdorf nach seinem Vorbild praktiziert. Der Weg ist von Fackeln gesäumt und erleuchtet. Auf halber Strecke erweisen die »Stille-Nacht-Prangerschützen Arnsdorf« und eine Bläsergruppe den Teilnehmern die Ehre.

Der Gedenkgang findet traditionell in der Dämmerung des Weihnachtsabends statt. Vorher wird zur Krippenandacht in der Wallfahrtskirche geladen, danach zu einer Feierstunde auf dem Stille-Nacht-Platz, die mit dem Stille-Nacht-Glockenspiel (ebenso von S. AIGNER 1968 initiiert) endet.

Wer sich an anderen Tagen des Jahres auf diesen Gedenkweg begibt, findet ein mit den Figuren GRUBER und MOHR markant beschildertes Leitsystem von Arnsdorf nach Ziegelhaiden und über den Kirchsteig hinunter bis hin zur Stille-Nacht-Kapelle vor. Dieser 2015 neu ins Leben gerufene »Gruber-Mohr-Rundgang« führt weiter bis zur Wallfahrtskirche Maria Bühl hinauf und wird an bestimmten Plätzen bespielt (Information: Tourismusverband).

Abb. 71. Der Stille-Nacht-Bezirk in Alt-Oberndorf.

Abb. 72. Heiliger Abend in Arnsdorf 2014.

Vom Fraunholz über Kirchgöming nach Alt-Oberndorf

Von derselben Weggabelung im Wald, dem »Fraunholz«, führt links der Weg nach Göming ab, die kleinste Gemeinde im Bundesland Salzburg. Vor allem in der schneefreien Zeit ist es verlockend, den Weg von Arnsdorf über Kirchgöming nach Alt-Oberndorf auszudehnen und dabei auf ein weiteres reizvolles Fleckchen Erde zu gelangen.

An alteingesessenen Bauernhöfen vorbei und durch großbäuerliche Gehöfte verläuft der Weg über Mittergöming nach Kirchgöming. Bis heute besuchen Kinder von hier die Arnsdorfer Volksschule. MARIANNE P. erzählt, wie klamm es um sie war, als sie um 1960 als einziges Kind von dort täglich zur Schule »pilgerte«. Im Winter fräste der Vater mit einem selbstgezimmerten Handpflug eine Wegspur in den hohen Schnee, damit die Kleine sich nicht verirrte.

Nicht nur, dass sich hier der paradiesische Landstrich als Augenweide fortsetzt, das sympathische Örtchen hat sogar einen Bezug zur Stille-Nacht-Geschichte. Mitten im Ort steht anmutig ein apartes Kirchlein, das dem hl. Maximilian geweiht ist. Vermutlich im 11. Jahrhundert von dem Herrn VON GEBENINGEN (Gebming) als Burgkapelle erbaut, wurde es später dem gotischen und barocken Stil angepasst.

Nachdem die Alt-Oberndorfer Kirche St. Nicola wegen massiver Hochwasserschäden ab 1910 abgetragen wurde, gelangten viele Platten ihres Fußbodens von rotem Untersberger Marmor an Göminger Höfe. Im Zuge der Renovierungsarbeiten der kleinen, zur Pfarre Oberndorf gehörenden Filialkirche zum hl. Maximilian wurden sie von den Bauern dorthin gespendet. So breitet sich hier jener Boden aus, auf dem einst 1818 das Lied »Stille Nacht! Heilige Nacht!« erstmals gesungen wurde.

Abb. 73. *Kirchboden, über dem 1818 das Lied »Stille Nacht« erstmals erklang.*

61

Abb. 74. *Kraftplatz in Kirchgöming.*

Von hier zurück zur Abzweigung nach Bulharting, führt hügelabwärts ein Verbindungsweg durch einen Wald nach Ziegelhaiden, der sich in der Höhe des Malerei-Betriebes kurz vor dem Durchlass mit dem andren Weg (Fackelweg), der aus dem »Fraunholz« kommt, trifft. Ab der Lokalbahnstation Ziegelhaiden kann wiederum der Beschilderung des Gruber-Mohr-Wegs gefolgt werden.

Bevor man den Weg in Richtung Oberndorf aufnimmt, laden zwei Bänke unter lauschigen Bäumen zum Innehalten ein. In der Mitte türmt sich ein Findling auf, bei dessen Gesteinsmasse es sich um ein Gosaukonglomerat handelt. Zwischen Arnsdorf und Kirchgöming sind nicht wenige Gärten mit solchen Gesteinsbrocken »markiert«. Der Salzachgletscher hat sie vor 22 000 Jahren an der Südseite des Gaisberges erodiert, mittransportiert und im Flachgau wie auch im angrenzenden Laufen abgelagert. (Information von HORST IBETSBERGER).

Und wer dran glaubt, kann seinen Fuß in einen Spurstein an der Ostseite des Kirchleins stellen, damit er gesund wird. Denn hier soll 994 der hl. WOLFGANG auf seinem Weg von Regensburg nach Mondsee zugekehrt sein. Er stieg auf den weißen Stein, um durch das Fenster in die Kirche zu schauen und hinterließ dabei seinen Fußabdruck.

Literatur

BUKOWSKI, ALBIN (1916): Eine Biedermeierreise (1835). – Hg. v. O. LUDWIG; Wien-Leipzig.

HAUNSCHMIDT, JOSEF: Schule Arnsdorf. – Unveröffentlichtes Manuskript.

KATHOLISCHES PFARRAMT ST. MARTIN (Hrsg., 2007): Die Kirchen in Lamprechtshausen und Arnsdorf.

LÄMMERMEYER, HERBERT (1996): Unsere drei Nikolauskirchen. – Unveröffentlichtes Manuskript.

RENOVIERUNGSAUSSCHUSS GÖMING (Hrsg., 1998): Filialkirche Göming. Zum Hl. Maximilian.

Von Anif nach Hallein: ein »unbequemer« Weg

HIER WOHNTE
JOSEFINE
LINDORFER
JG. 1899
IM WIDERSTAND
VERHAFTET APRIL 1942
AUSCHWITZ
ERMORDET 18.11.1942

BARBARA WOLF-WICHA

2014 und 2015 waren von zentralen Gedenkfeiern und Doku-Serien geprägt: Vom 1. Weltkrieg über Austrofaschismus bis zum Nationalsozialismus, von »Opfern und Tätern« des Dritten Reichs, den deutschen Eroberungs- und Vernichtungskriegen im Osten, der Befreiung Österreichs durch die Alliierten, den US-Atombomben auf Hiroshima und Nagasaki bis zum Aufbrechen des Eisernen Vorhangs im »annus mirabilis 1989« und dem Fall der Berliner Mauer. Das Thema Widerstand schwankte zwischen den Extremen als Heldensaga, durch den die Regime stürzten (nie allerdings in Österreich), oder wurde marginalisiert, um die »widerwillige Loyalität« (HANISCH 1997, S. 193) der Mehrheit nicht allzu deutlich sichtbar zu machen. Ob (und wann) in Österreich Widerstand gewürdigt wurde, hängt offenbar von der gesellschaftlichen Akzeptanz bestimmter Widerstandsgruppen ab (Klosterschwestern, Priester, Eisenbahner, Kommunisten, usw.). Speziell mit der Einordnung von Deserteuren unter dem Label Widerstand hatte man im offiziellen Österreich Probleme.

Bewirkt Erinnern etwas für die Gegenwart?

Nach dem Gedenkmarathon habe ich mich gefragt, welche Wirkung es auf unser heutiges Verhalten und Handeln hat. Provoziert es nur Abwehr, man solle uns mit dieser Täter-Opfer-Helden-Historie in Ruhe lassen? Will heute noch jemand ernsthaft über Straßennamen für Nazigrößen, pseudo-altgermanische Gedenksteine oder über die österreichische Justiz diskutieren, die bis 1997 aus einem Euthanasiemord einen verjährbaren Totschlag machte? Oder macht uns die Beschäftigung mit der Vergangenheit solidarischer, mutiger oder humaner für eine »Gegenwartsbewältigung«? Aber wo bleibt dann der Protest gegen Zäune, die in Europa gegen Flüchtlingsströme aufgebaut werden, gegen Mauern in den Köpfen, die »Pegida« oder unerträgliche Hasspostings gegen Asylsuchende, Muslime und alles »Fremde« errichten? Die Beschäftigung mit zwei Kriegen und ihren sinnlosen Opfern müsste doch in ganz Europa umgehend jegliche Rechtfertigungsversuche eines »gerechten Krieges« verwerfen …

Neben dem zentralen und medialen Gedenken gibt es eine nicht-staatlich veranstaltete persönliche Form, Namen von meist nicht im öffentlichen Bewusstsein verankerten Personen vor dem Vergessen zu bewahren: die STOLPERSTEINE. Dieses dezentrale Mahnmal findet man in rund 11 000 Orten in 18 europäischen Ländern – so auch in Anif und in Hallein, wohin ich Sie führen möchte.

Die 10 × 10 cm großen Steine mit Messingplatten, auf denen neben dem Namen wenige Details eingraviert sind, werden vom Künstler GUNTER DEMNIG persönlich auf öffentlichem Grund verlegt, meist vor dem letzten freiwilligen Wohnsitz der Betroffenen. Wunsch und Finanzierung kommen von Angehörigen, Personenkomitees oder persönlich Verbundenen. Doch auch dieses Gedenken ist nicht unumstritten. Die Stadt München verweigert seit 2004 die Verlegung auf öffentlichem Grund: Wer auf die am Boden liegenden Steine tritt, tritt angeblich »das Andenken an die Menschen mit Füßen«, ein »würdiges Gedenken kann nicht auf dem Boden, sondern muss auf Augenhöhe stattfinden«. Dagegen argumentiert der sonst wortkarge GUNTER DEMNIG: »Wer die Gravur lesen will, muss sich beugen – und verbeugt sich vor dem Opfer«. Unbestritten ist, dass irgendwann die Schrift verblasst – aber die Vergangenheit lässt sich nicht einfach wegtrampeln.

◁ **Abb. 75.** Stolperstein für JOSEFINE LINDORFER.

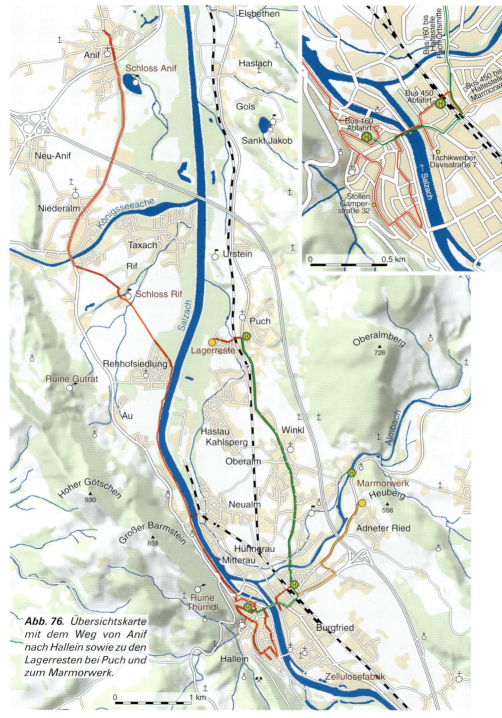

Abb. 76. Übersichtskarte mit dem Weg von Anif nach Hallein sowie zu den Lagerresten bei Puch und zum Marmorwerk.

65

Nicht einfach in die Vergangenheit stolpern …

Unbeschadet solcher Debatten und trotz meiner Zweifel an der Nachhaltigkeit des Gedenkens lade ich Sie ein zu einem Weg in die »düstere« Vergangenheit: von Anif nach Hallein, dann zur Wiestal-Landesstraße und zuletzt nach Puch. Es ist kein Wanderweg im eigentlichen Sinn mit Aussichtspunkten, aber mit Stationen zum Nachdenken und Nachlesen. Die STOLPERSTEINE markieren zwar die Gräuel des Hitlerregimes, aber sie machen uns nicht blind für das Heute: Die **Schönheit der Natur** (entlang der Salzach, Blick auf den kleinen und großen Barmstein, den Kraftplatz Dürrnberg, die Ruhe des Wiestal-Stausees), sozial und sorgsam geleitete Beispiele von **Revitalisierung** (Schöndorferplatz mit Kolpinghaus und Wohnungen für unbegleitete minderjährige Flüchtlinge, die Dorrekstraße), **Tradition** (Kirchenbauten, Grab und Wohnhaus Franz Xaver Grubers, das Stille-Nacht-Museum), **zeitgenössisches Kunst- und Kulturschaffen** (Pernerinsel, Schmiede, Kunstraum ProArte, Keltenmuseum, Theater usw.) und ganz besonders: die bereichernde **Vielfalt von Kulturen und Religionen**.

Wer eine leise Ahnung von der Halleiner Geschichte hat, kommt an der **Zigarren-und-Tabakfabrik** nicht vorbei. Der Eingang zum Areal Davisstraße 7 erinnert ausschließlich an die spätere Nutzung als Rüstungsbetrieb in der Aufschrift »EUGEN GRILLWERKE Ges.m.b.H.«. An anderer Stelle der Stadt (in der Gamperstraße) findet sich die Stollenanlage, in der unterirdisch produziert werden sollte und die knapp vor Kriegsende zum Depot von Geheimdokumenten wurde. Viele, die am Stollenaushub mitarbeiteten, waren Gefangene, Zwangsarbeiter – was zur Wiestal-Landesstraße mit dem heutigen Betonwerk Deisl führt, wo sich das Außenlager des Konzentrationslagers Dachau befand, und zum Zwangsarbeiterlager in Puch.

Aus Platzgründen können nicht alle Menschen vorgestellt werden, für die in Hallein bisher 26 Stolpersteine verlegt wurden (20.04.2013, 03.07.2014 und 15.07.2015, detaillierte Angaben auf der Website des Personenkomitees Hallein). Die hier exemplarisch vorgestellten Personen zeigen, dass es *keine homogene Gruppe* ist, die im massenmörderischen Hitlerregime zu Tode kam: Menschen jüdischer Abstammung (in Anif und in Hallein), mit Zugehörigkeit zur »falschen Partei« (Sozialdemokraten, revolutionäre Sozialisten, Kommunisten); Menschen, die von der NS-Rassenhygiene freigegeben wurden zur »Vernichtung lebensunwerten Lebens«. Dazu zählen Kinder, die in der »Kinderfachabteilung« in Wien am Steinhof (»Spiegelgrund«) getötet wurden, Erwachsene, die aus Heil- und Pflegeanstalten für die Aktion »T4« in Betracht kamen und in der ab Mai 1940 eingerichteten Tötungsanstalt Schloss Hartheim (mit als Duschraum getarnten Gaskammern) umgebracht wurden. Dort endete das Leben für die Opfer der Aktion »14f13«, wo 1941 bis 1944 Tausende arbeitsunfähige, politisch bzw. rassisch verfolgte Häftlinge aus Konzentrationslagern ermordet wurden. Bei anderen genügte die Einstufung als »asozial« für den sicheren Tod. Viele im öffentlichen Bewusstsein unbekannte Mädchen und Frauen wurden verhaftet und ermordet – ohne Prozess: Ungleichbehandlung im Unrecht (siehe Amesberger 2006). Es wurden 1943/44 »geisteskranke Ostarbeiter« in Euthanasietötungsanstalten getötet, nicht zu vergessen jene, die als Zwangsarbeiter und/oder Kriegsgefangene in Lagern durch Erschöpfung, Hunger oder Perfidie des Wachpersonals zu Tode gekommen sind.

Umgekehrt begegnen wir Menschen, die unter Gefährdung des eigenen Lebens versucht hatten, anderen zu helfen, die vom Regime verfolgt wurden. Wie die Häufigkeit von Denunziationen zeigt, schwammen sie *doppelt gegen den Strom*: Gegen das Regime und gegen die Mehrheit der sich Duckenden und Angepassten. Oft waren es Bagatellen – etwa für Familien von Inhaftierten Geld zu sammeln (»Rote Hilfe«), das falsche Wort am falschen Platz zu sagen oder den Heil-Hitler-Gruß zu verweigern –, die Menschen im Fall des Verrates

Abb. 77. *Der Künstler GUNTER DEMNIG verlegt seit Jahren jeden Stolperstein persönlich, so am 15.07.2015 in der Halleiner Burgfriedstraße 4.*

der mörderischen Maschinerie auslieferten. Das galt für ganze Gruppen, etwa die Revolutionären Sozialisten und Kommunisten, die Eisenbahner, die stärker politisiert waren und funktionierende Kommunikationsstrukturen hatten. Manche desertierten, andere unterstützten die Internationalen Brigaden in Spanien, andere versteckten und unterstützten die Deserteure und riskierten ihr eigenes Leben. Umso wichtiger ist der 2013 mit dem Platinum-Remi-Award als »Best Docu-Drama« (Houston, USA) ausgezeichnete Film »Deserteur« von GABRIELE NEUDECKER.

Der Weg

Der Weg stellt kaum Herausforderungen an die physische Kondition, »unbequem« wird er emotional. Zu bewältigen ist er am besten in Einzeletappen: Zu Fuß oder per Rad vom Anifer Sankt-Oswald-Weg über Schlossweg und Tauernradweg nach Hallein bis zum Bürgerspital (8,5 Kilometer, zu Fuß knapp zwei Stunden). In Hallein empfehle ich, alles zu Fuß zu bewältigen – im Rathaus am Schöndorferplatz gibt es gratis informative Stadtpläne. Zum ehemaligen Außenlager des Konzentrationslagers Dachau (heute Deisl Beton) fährt der Bus 450 von der Westseite des Bahnhofs Hallein bis Schlossbauer oder Marmorwerk. Nach Puch fährt der Bus 160 ab Kornsteinplatz bis Puch Ortsmitte: Die Lagerreste findet man beim Skaterplatz.

Die erste Etappe: vom braunstichigen Anif ins rote Hallein

An der Kreuzung Sankt Oswaldweg/Römerstraße, rechts neben der **Anifer Pfarrkirche**, befindet sich ein Gedenkplatz mit dem üblichen Stein für die »gefallenen Helden beider Weltkriege«, in Zweiergruppen die Büsten von ANNA CHROMY für Landeshauptmann HANS KATSCHTHALER (1933–2012) und JOHANNES GRAF MOY (1902–1995), für HERBERT VON KARAJAN (1908–1989) und NORIO OGHA (1930–2011), dem Anif SONY verdankt. Den Stolperstein am Straßenrand zwischen den Büsten KATSCHTHALERS und MOYS könnte man übersehen: für die Künstlerin **HELENE VON TAUSSIG** (1879–1942), am 3. Juli 2014 verlegt.

> Sie wurde am 10.05.1879 als fünftes von zwölf Kindern des jüdischen Ehepaares SIDONIE und THEODOR RITTER VON TAUSSIG in Wien geboren. Erst nach dem Tod ihres Vaters 1909 konnte sie in Paris mit ihrer Freundin EMMA SCHLANGENHAUSEN 1910–1914 Kunst studieren. Die Begegnung mit CUNO AMIET in Oschwand bei Bern bezeichnete sie als Schlüsselerlebnis. Im Krieg engagierte sie sich von 1915–1918 als Rotkreuzhelferin an der Isonzo-Front. 1919 zog sie nach Anif, konvertierte 1923 zum Katholizismus. Sie ließ sich von OTTO PROSSINGER ein Atelierhaus (Anif 106) bauen, das sie 1934 bezog (es wurde in den 1980er-Jahren durch einen Neubau ersetzt). Ihre farbig-kraftvolle und reduktive Malweise nahm viele Anregungen auf: von AMIET und KEES VAN DONGEN, von den Fauvisten, dem Pointilismus, dem Konstruktivismus und dem deutschen Expressionismus. Ihre Ausstellungstätigkeit war spärlich (1927 und 1934 in Salzburg, Paris und Den Haag 1929). TAUSSIG ignorierte die Warnungen und hoffte, als Konvertitin von der Gestapo unbehelligt zu bleiben. Am 28.02.1940 wurde sie von der Gestapo genötigt, ihr Haus und de facto Salzburg zu verlassen, kam nochmals zurück und wurde am 29.04.1940 verhaftet und danach nach Wien abgeschoben. Aufnahme fand sie im Kloster der Karmelitinnen im 21. Bezirk. Noch konnte sie über ihr Haus verfügen, stellte es einer kinderreichen Südtiroler Optantenfamilie zur Verfügung, dem Verkauf stimmte sie nicht zu. Daher wurde im August 1941 die Zwangsarisierung ausgesprochen. Am 09.04.1942 wurde sie mit einem Massentransport von Wiener Juden nach Izbica im »Generalgouvernement Polen« deportiert, wo sie – laut Totenschein – am 21.04.1942 starb. Am 03.05. 1942 erhielten die Angehörigen die lapidare Todesnachricht (siehe SCHAFFER 2002; PLAKOLM-FORSTHUBER 1994, S. 148–150).

In Anif begann die braune Vergangenheit lange vor dem Anschluss. Bei der Landtagswahl 1932 waren die Nationalsozialisten mit 33,9 % stärkste Kraft im Dorf. Die Gemeinde ernannte 1933 den »deutschen Volkskanzler ADOLF HITLER (mit 9 zu 4 Stimmen) zum Ehrenbürger, was zwei Monate später von der Bezirkshauptmannschaft aufgehoben wurde. Bauernhof und Gasthof von MICHAEL FRIESACHER, der seit 1931 als »Kämpfer für den Führer« aktiv war, war Treffpunkt der Illegalen. FRIESACHER wurde 1934 verhaftet und ins Anhaltelager Kaisersteinbruch eingewiesen (das Haus des Schriftstellers JOSEPH AUGUST LUX, dem man daran die Schuld gab, wurde von Illegalen gestürmt). Bei der Volksabstimmung am 10.04.1938 stimmten nur drei Anifer gegen den Anschluss. Nach dem Anschluss machten die zurückgekehrten »Kämpfer« Karriere: FRIESACHER stieg vom Kreisbauernführer auf zum »Landesbauernführer«. Die Familie FRIESACHER errichtete 1937 (!) die Kopie eines »Taidingtisches« nach der Tradition öffentlicher Gerichtstage früherer Jahrhunderte (DOPSCH & HIEBL 2003, S. 93–96). Der Tisch steht gegenüber dem Hotel Friesacher (ROLINEK, LEHNER & STRASSER 2009, S. 144–147).

TAUSSIGS Werk wurde spät restituiert. Ehe sie ihr Haus verlassen musste, übergab sie dem Maler WILHELM KAUFMANN eilig zusammengerollte Leinwände und Bilder, der diese erst 1988 dem Salzburg Museum (SMCA) aushändigte (nach KAUFMANNS Tod 1999 fand man weitere Bilder). Ihr Schaffen wurde 1991 in der Ausstellung »Salzburger Künstlerinnen«

Abb. 78. *Eilig vor der Deportation zusammengepackte Leinwände – HELENE VON TAUSSIG: »Lesende Frau im Dirndlkleid«, Öl auf Leinwand, 43,5 × 48 cm (1910/20).*

wiederentdeckt, das Salzburg Museum folgte 2002 mit »Helene von Taussig – Die geretteten Bilder«. Das Werk wurde am 04.01.2012 an die Erben restituiert, elf Bilder wurden legal vom Museum zurückgekauft. Auf das zwangsarisierte Atelierhaus griff die NS-Prominenz zu: Der frühere Pressechef der Salzburger Festspiele (von HERMANN GÖRING zum Sonderbeauftragten der Kunst- und Kulturgüter für die besetzten Gebiete in Polen ernannt) KAJETAN MÜHLMANN intervenierte, die Villa wurde seinem Schwiegervater JOSEF WOJTEK von Gauleiter RAINER am 27.08.1941 zugesprochen. Um 17 100 RM kaufte WOJTEK das Haus, MÜHLMANN zahlte davon gleich 15 000 RM auf das Hypo-Sperrkonto »Entjudungserlös HELENE TAUSSIG« ein. Die Keramikerin POLDI MÜHLMANN, geb. WOJTEK (1903–1978), erhielt das Haus per Schenkung 1943 (LICHTBLAU 2004, S. 112–115). Noch während ihrer Ehe (1932–1941) erhielt sie von MÜHLMANN Aufträge, begleitete ihn 1939 bei der »Sicherung der Kunstschätze« (ROLINEK 2013, S. 483) und war 1928 mit ihrem Plakatentwurf erfolgreich, der bis heute (!) das offizielle Logo der Festspiele ist.

Die nationalsozialistische Vision einer »artreinen Volksgemeinschaft« traf auf Anif nicht mehr zu – die meisten jüdischen Mitbürger waren vor 1938 sukzessive verdrängt worden. In den so genannten »Entjudungsakten« finden sich nur vier Namen: HELENE VON TAUSSIG, ADOLF OTTO, LOLA KRIEGEL und HERTA POSCHINGER (KERSCHBAUMER 1993, S. 229). Die Gemeinde Anif hatte sich um TAUSSIGS Haus und um die (nicht arisierte) Villa Hungaria von LOLA und ADOLF KRIEGEL bemüht. TAUSSIGS Haus wurde später durch einen Neubau ersetzt.

Abb. 79. *Schloss Rif – nach den edlen Norikern die edle Wissenschaft: Uni-Herberge.*

Aus Niederalm sind zwei Personen namentlich bekannt: **Johann Fink** (geb. 1899) wurde aus der Landesheilanstalt für psychisch Kranke in Salzburg-Lehen am 21.05.1941 nach Niedernhart und anschließend in die Vernichtungsanstalt Schloss Hartheim gebracht und dort ermordet (Hiebl 2003, S. 179). Dem Niederalmer Maler **Friedrich Tanning** wurde kommunistische Betätigung vorgeworfen. Er wurde am 01.03.1940 auf der Basis des 1934 verschärften »Heimtückegesetzes« festgenommen.

Von Niederalm geht es über die Bundesstraße 159 bis zum Brückenwirt und zum **Schloss Rif** (jetzt Interfakultärer Fachbereich für Sport- und Bewegungswissenschaften der Universität Salzburg). 1575 befand sich hier das erste Norikergestüt des Erzbistums, von hier begann die landesweite Pferdezucht. Der Weg führt weiter über die Schlossallee und den Tauernrad-weg bis zum Kaltenhausener Steg in Hallein. Auf dem rechten Salzachufer (Ausfergenufer Nr. 4, bis 2015 Konsulat des Großherzogtums Luxemburg) treffen wir auf das Schicksal von **Josefine Lindorfer**. Sie war eine Frau, die als regimefeindliche Aktion für die »Rote Hilfe« gesammelt hatte, ganze 20 Pfennig. Der Josefine-Lindorfer-Platz ist nach ihr benannt.

Josefine Lindorfer, geb. Murhammer, wurde am 02.12.1899 in Hallein geboren. Sie arbeitete gemeinsam mit der Widerstandskämpferin Agnes Primocic in der Halleiner Zigarrenfabrik. 1936 Heirat mit dem Schlosser Johann Lindorfer. 1942 wurde Josefine Lindorfer – wie sechs Frauen einer kommunistischen Widerstandsgruppe aus Salzburg – wegen »antinationalsozialistischer Tätigkeit« verhaftet und ohne jegliches Verfahren in das Konzentrationslagers Auschwitz deportiert. Sie starb am 18.11.1942 im Konzentrationslager Auschwitz – offiziell an Lungenentzündung.

Zurück auf dem linken Salzachufer steigen wir über den Elsenheimerweg zur Bundesstraße. Rechts liegt das Hofbräu Kaltenhausen (gegründet 1475 als Salzburgs älteste Brauerei und Österreichs erste Weißbierbrauerei, jetzt fusioniert zur Brauunion, die zur niederländischen Heinekengruppe gehört). Wir gehen aber nach links und treffen auf zwei Frauen, die in die Vernichtungsanstalt Schloss Hartheim eingeliefert wurden, was Ermordung durch Giftgas bedeutet – trotz Geheimhaltung in der Bevölkerung und bei den Betroffenen bekannt.

In der Salzburger Straße Nr. 14, in Wels 1888 geboren, lebte **ANNA UNTERSALMBERGER** seit 1931 mit ihrem Mann, der bei der Brauerei arbeitete. Die 1936 gestellte Diagnose »progressive Paralyse« und ihr Aufenthalt in der Landespflegeanstalt Lehen sind ebenso bekannt wie ihr Abtransport am 18.04.1941 mit 27 weiteren Frauen in die Tötungsanstalt Schloss Hartheim.

An der Leprosenhauskapelle vorbei liegt an der Salzburger Straße 45 der Stolperstein für ein weiteres Euthanasieopfer, **ANTONIE FURTSCHEGGER** (1896–1941), die mit demselben Transport nach Schloss Hartheim gebracht wurde. Daneben verweist ein Stolperstein auf den »Schutzhäftling« **KARL KRIECHBAUMER**:

Er wurde 1874 in Wels geboren, war verheiratet, römisch katholisch, sein Meldeschein bezeichnet ihn als »Armenhauspflegling«. Wir wissen, dass er im Juni 1938 verhaftet und ins Polizeigefangenenhaus Salzburg überstellt wurde. Zwei Tage später erfolgte der Transport ins Konzentrationslager Dachau. Im August 1938 wurde er ins Konzentrationslager Mauthausen überstellt, wo er als einer der, nach SS-Terminologie, kaum noch erziehbaren Schutzhäftlinge am 05.03.1939 »verstarb«.

Zweite Etappe: Hallein

Im »Roten Hallein« lag bis zur Landtagswahl 1932 die Sozialdemokratische Arbeiterpartei (SDAP) mit über 40 % an erster Stelle, allerdings erzielte 1932 die Nationalsozialistische Deutsche Arbeiterpartei (NSDAP) 19,7 %. Im Austrofaschismus wurden die Kommunisten, die SDAP, Schutzbund, Gewerkschaft und alle Organisationen der Arbeiterbewegung verboten.

Die deutschen Gebirgsjäger marschierten am 12.03.1938 über den Dürrnberg ein. Bei der Volksabstimmung am 10.04.1938 stimmten (angeblich) 5268 Personen mit Ja (99,7 %), nur 19 Halleiner mit Nein. Ab September 1939 begann auch hier das Morden. Übrigens ist die gesamte NS-Zeit auf der Homepage der Salinenstadt Hallein ausgespart.

Trotz vieler Recherchen sind von den meisten Frauen und Männern, für die Stolpersteine verlegt wurden, nur wenige Details bekannt – eine relativ sichere Quelle sind die akribisch geführten Totenregister (mit Ein- und Ausgang), die meisten Todesursachen sind gefälscht.

Von **MARIA HUBER** (Bürgerspitalplatz 4), eine Büroangestellte, laut Totenschein am 03.02.1901 in Wörgl geboren, ist bislang nicht bekannt, weshalb sie nach Auschwitz deportiert wurde. Der Lagerarzt **WERNER ROHDE** vermerkt, dass sie am 08.10.1943 an Lungenödem bei Pneumonie verstarb. **ELLA LINGENS-REINER**, die wegen Fluchthilfe in Auschwitz war, sagt über den Lagerarzt: »Er hat

Abb. 80. Sie haben schon zum 3. Mal *GUNTER DEMNIG* nach Hallein geholt – das »Stolperstein-Team« Landtagsabgeordnete Dr. *KIMBIE HUMER-VOGL* und Halleins Vizebürgermeister *WALTER RESCHREITER*.

mir das Leben gerettet, aber er hat auch Zehntausende dem Tod überantwortet. Alle, die sich auf diese Weise ein Alibi zu verschaffen suchten, mordeten in anderen Fällen ohne Bedenken!«

Das Euthanasieopfer **MARIA MOLTER** (Bürgerspital) war seit 21.10.1938 zur Pflege in der Versorgungsanstalt der Barmherzigen Schwestern im Schloss Schernberg bei Schwarzach. Gegen den Protest der Schwestern wurde sie – nach Diagnose Altersidiotie – mit sieben Pfleglingen am 20.05.1941 nach Schloss Hartheim abtransportiert und getötet.

Ich habe in der Einleitung darauf hingewiesen, dass Widerstand und Protest gegen das Regime unterschiedliche Formen annehmen kann. Besonderer Mut zeichnet die Oberin bzw. Visitatorin von Schloss Schernberg bei Schwarzach-St. Veit aus: **ANNA-BERTHA KÖNIGSEGG** (1883–1948). Ihr Einsatz war mutig, wenn auch nur teilweise erfolgreich: Sie untersagte den geistlichen Krankenschwestern, an der Zwangssterilisierung mitzumachen. Als im August 1940 der Befehl eintraf, alle 159 Pfleglinge müssten von Schernberg nach Schloss Hartheim verlegt werden, appellierte sie an Reichsstatthalter NSDAP-Gauleiter FRIEDRICH RAINER (Jurist und SS-Mitglied), davon Abstand zu nehmen: Es sei bekannt, welches Schicksal die Menschen in Hartheim erwarte, was dem Regime wohl international Imageschaden zufügen würde. Schwester ANNA-BERTHA wurde im April 1941 verhaftet, weigerte sich, trotz Androhung einer Überweisung in ein Konzentrationslager, die Namen der Informanten zu verraten, wurde wegen Sabotage, Aufwiegelung und Unruhestiftung verurteilt und des Landes verwiesen. Auf dem Gut ihres Bruders stand sie unter Hausarrest. Den gesamten Abtransport konnte sie nicht verhindern, zwei Busse mit 123 Pfleglingen wurden nach Hartheim gebracht, einige flohen mit Hilfe einer Schwester in die Wälder. Der passive Widerstand der Schwestern machte die Bevölkerung aufmerksam – der dritte Bus wurde in die Landesnervenklinik umgeleitet (36 überlebten). Die »T4«-Aktion wurde im August 1941 »offiziell« quasi eingestellt – die Aktion »14f13« folgte.

Noch im selben Jahr wurden die Schwestern enteignet, konnten jedoch in einem Teil des Schlosses wohnen bleiben. Im Parterre wurde ein Franzosenlager eingerichtet, im ersten und zweiten Stock zogen Flüchtlinge aus Rumänien und Weißrussland ein. Nach Kriegsende 1945 erhielten die Schwestern das verwahrloste Schloss zurück und begannen mit der Sanierung. Im Sommer 1945 kehrte Sr. ANNA-BERTHA auf abenteuerliche Weise in das Salzburger Provinzhaus zurück und starb am 12.12.1948 (s. ROLINEK, LEHNER & STRASSER 2009, S. 172–174; Website der Provinzenz).

Abb. 81. *Die widerständige Oberin der Vinzentinerinnen, Schwester ANNA-BERTHA KÖNIGSEGG, ein Vorbild für die Schwestern, die Bevölkerung – und die Gegenwart.*

Derzeit ist in Hallein nur ein jüdisches Opfer namentlich bekannt. Der Stolperstein wurde in der Moritzengasse 2 verlegt. Am 12.11.1938 prahlte der Salzburger Gauleiter FRIEDRICH RAINER, Salzburg sei JUDENFREI.

JOSEF TALAL wurde am 13.05.1891 als Kind jüdischer Eltern geboren – im bessarabischen Skulen, dem heutigen Skulyany (Moldawien). Er kam als Kaufmann nach Hallein und heiratete seine katholische Frau ANNA. Der Meldeschein besagt »katholisch verheiratet« und – handschriftlich –, dass er als Jude am 15.12.1939 von der Familie getrennt und nach Wien abgeschoben wurde: Erst in die (berüchtigte) Heil- und Pflegeanstalt Am Steinhof und von dort ins Schloss Hartheim. Im dortigen »Ausgangsbuch« findet sich der Eintrag 29.05.1941. Tatsächlich wurde, wie bei vielen in Hartheim, nichts über das tatsächliche Todesdatum bekanntgegeben und Angaben verfälscht: In der Berliner T4-Zentrale wurde der Totenschein ausgestellt, per Kurier nach Lublin gebracht und von dort aufgegeben.

Bei ANNA SAGL (Postgasse 2) treffen unterschiedliche Faktoren zusammen: Krankheit und Sippenhaftung. Die Diagnose des Leiters der erbbiologischen Abteilung lautete auf »erbliche Fallsucht«, in Schloss Hartheim wurde sie am 16.04.1941 vergast.

Abb. 82. Stolperstein zum Gedenken an JOSEF TALAL in der Moritzengasse 2.

Wer sich weigerte, am Krieg teilzunehmen oder nach Fronturlaub nicht mehr zurückkehrte, galt als **Deserteur** und war dem Tod geweiht. Verschärfend war, wenn es sich um ein Mitglied der Kommunistischen Partei handelte. Wer ihn versteckte, musste damit rechnen, wegen Begünstigung verhaftet zu werden. So war es bei ERNST HALLINGER (geb. 26.04.1907) in der Wiesengasse Nr. 5: Er war Mitarbeiter und Funktionär der illegalen Kommunistischen Partei und musste als Obergefreiter bei der Flak-Ersatz-Abteilung 45 dienen, hatte aber anlässlich eine Heimaturlaubes seinem Vater mitgeteilt, er werde nicht mehr zur Einheit zurückkehren. An die Hallingers erinnert in Hallein kein Platz, keine Straße!

Vom Vater wurde er in einer Bauhütte in Haslach/Glasenbach versteckt, die Familie versorgte ihn mit Essen. Das Versteck wurde im April 1944 von einem Bewohner aus Glasenbach bei der SS denunziert. Bei der Verhaftung wurde er von der SS verwundet, in die Haftanstalt Salzburg überstellt, war vom 04.04. bis 23.10.1944 in Haft und wurde am 26.06.1944 durch das Gericht der Division Nr. 418 wegen »Fahnenflucht« zum Tode verurteilt. Am 23.10.1944 kam er ins Wehrmachtsuntersuchungsgefängnis im 10. Wiener Bezirk, wo er zwei Tage später durch ein Exekutionskommando auf dem Militärschießplatz Kagran erschossen wurde. Seinen Vater verurteilten die Nationalsozialisten wegen Unterstützung des Sohnes zu sieben Monaten Gefängnis, seine Frau LUISE HALLINGER wurde wegen Begünstigung der Flucht ihres Mannes zu neun Monaten Zuchthaus verurteilt und war bis zur Befreiung durch die Alliierten in Haft. Sein Bruder ALBERT war vom November 1939 bis Mai 1945 im Konzentrationslager.

Abb. 83. *Ein Blick über den Schöndorferplatz, links das Kolpinghaus – ehemals geschichtsträchtiger Gasthof Scheicher.*

Daneben, vor dem Haus Wiesengasse 3, ist der Stein für **ANNA KALTENBRUNNER** eingelassen, die am 28.04.1901 geboren wurde. Sie wurde am 16.04.1941 deportiert und in Schloss Hartheim ermordet. In vielen Familien wurde kaum über diese Zeit geredet. Der Enkel von **KARL STROBL** (1881–1941) wurde erst durch die Ausstellung »LEBENS(UN)WERT« auf das Schicksal seines Großvaters aufmerksam, obwohl sein eigener Vater, holländisch-jüdischer Geschäftsmann, im Konzentrationslager Auschwitz gestorben ist. Der Stolperstein liegt in der Wichtlhuberstraße 9. Erst als »gemütskrank« eingestuft, kam er als »unbrauchbare Arbeitskraft« nach Hartheim und starb dort. Der nächste Stolperstein vor der Khuenburggasse 1 erinnert an **GEORG SCHNÖLL** (1875–1941), Euthanasieopfer, ermordet in Hartheim.

Dritte Etappe: eine Zeitreise über den Schöndorferplatz

Es wäre verlockend, mehr über den Schöndorferplatz zu berichten, der in der Vergangenheit eigentliches städtisches Zentrum war, mit Rathaus, Stadtrichterhaus, Pranger und Markt (daher der Name »Richterplatz« und »Oberer Markt«). Bis zum Jahr 2000 standen die meisten Häuser leer, aber statt sie dem Verfall preiszugeben, wurde gegengesteuert. Sieben Häuser (Nr. 1–5 und gegenüber 10 und 11) wurden mit Hilfe der »Heimat Österreich« und des damaligen Landeskonservators RONALD GOBIET restauriert und durch Übergabe an das Kolpinghaus mit Leben erfüllt. Die Aktion zeugt von Solidarität: In Haus Nr. 10 und 11 sind unbegleitete minderjährige Flüchtlinge (»Haus Hayat«) untergebracht. Wohnen *und* Kommunikation in der Gemeinschaft ermöglichen soziale Kompetenz, das Leben in jahrhundertalten Gebäuden weckt »*Verständnis für die Geschichte und die kulturelle Verantwortung jedes Einzelnen*« (WEBER 2008, S. 163; s. GOBIET 2008: »Häuser am Schöndorfer Platz. Erhalten und Erneuern in Hallein«). Im Haus Nr. 3 ist die Kolpinghaus-Rezeption untergebracht. Es hat Tradition als Gasthaus und Hotel. Im »Gasthof Scheicher« erlebte ADOLF HITLER am 02.10.1920 bei einer Wahlkampfveranstaltung eine Pleite: Seine Rede wurde durch Zwischenrufe unterbrochen, ANTON NEUMAYR bezeichnete die Ausführungen als reinen Unsinn, HITLER verließ Hallein fluchtartig (WINTERSTELLER 2008, S. 28f.).

Der Halleiner Bürgermeister ANTON NEUMAYR war bei diesem Vorfall 1920 gerade zwei Jahre im Amt. Nach der Auflösung des Gemeinderates 1934 wurde NEUMAYR (wie andere Sozialdemokraten) verhaftet. Er blieb 70 Tage in Haft und wurde des Landes verwiesen. Ins Konzentrationslager Dachau wurde er im August 1944 deportiert (bis Jänner 1945). Für seine Funktionen im Landtag (Abgeordneter 1919–1934 bzw. 1945–1954; Landtagspräsident und Stv. Präsident 1929–1934), als LHStellvertreter (1945–1946) und Salzburger Bürgermeister (1946–1951) wurde er Ehrenbürger von Hallein (1947) und Salzburg (1952).

Bei den Restaurierungsarbeiten verdichtete sich die Vermutung, dass sich im Haus Nr. 6 im Mittelalter eine Synagoge der Halleiner Juden befand. Die erzbischöfliche Kammerrechnung aus 1284 weist die Existenz einer zahlenmäßig großen jüdischen Gemeinde durch eine Besteuerung durch 20 Goldmark nach.

Die Vernichtung der Juden in Salzburg und in Hallein hat einen dramatischen Vorläufer: Im 14. Jahrhundert war die jüdische Gemeinde bedeutender als jene von Salzburg. Ein (nichtjüdischer) Dieb von Kirchengut wälzte die Schuld auf die Juden ab, die (ausgenommen 25 Kinder unter 11 Jahren und einige schwangere Frauen) 1404 nach kurzem Prozess in Hallein und in Salzburg Opfer eines Autodafés wurden. Die Synagogen wurden zerstört. Die sich danach erneut angesiedelten Juden wurden 1498 durch Erzbischof LEONHARD VON KEUTSCHACH »für immer und endgültige Zeiten« vertrieben – angeblich wegen einer gestohlenen Monstranz im Kloster Nonnberg. Erst viel später ist wieder die Ansiedlung von jüdischen Bewohnern bekannt (s. WINTERSTELLER 2008, S. 26)

Alle drei Frauen (**ANTONIE BRUNAUER, GERTRAUD PÖTZELSBERGER** und **JOHANNA SCHÖLL**), für die Stolpersteine vor den Häusern 7, 9 und 10 liegen, sind Euthanasieopfer. Nach aktueller Information dürften politische Gründe dazu geführt haben, dass **ANTON SEILER** (geb. 19.11.1908) 1934 im Gefängnis Garsten war. Er wohnte am Schöndorferplatz 11, wurde von hier am 12.07.1939 verhaftet und ins Gefangenenhaus Salzburg überstellt. Im Konzentrationslager Dachau ist er am 16.09.1939 angekommen, am 27.09. wurde er ins Konzentrationslager Mauthausen überstellt. Im Totenbuch von Mauthausen ist der 05.12.1939 als Sterbetag eingetragen.

Vierte Etappe: der »Grill-Stollen« – eine unerwartete Fundgrube

Wer für den Staat zu teuer war und – nach heutigem Verständnis – von der Sozialhilfe lebte, durch Krankheit dem Regime zur Last fiel, war todgeweiht. So **KAROLINE SCHMEROLD** (1878–1941) in der Pfarrgasse 6 im Kirchenbezirk, die als »Armenversorgte« im Armenhaus der Schulschwestern in der Pfarrgasse wohnte. Nach Diagnose »Manisch-depressives Irresein« wurde sie nach Schloss Hartheim abtransportiert.

Das Haus am Molnarplatz 14 verweist auf die Unerbittlichkeit, mit der die NS-Herrschaft seine Regimegegner, wie **EDMUND MOLNAR** und seine Eltern, verfolgt und vernichtet hat.

Er wurde am 07.03.1923 in ein christlich-soziales Elternhaus geboren. Als Regimegegner hatten die Eltern am 10.04.1938 – wie angeblich nur 19 Halleiner – gegen den

Abb. 84. Links: Ein unscheinbarer Eingang zum Stollen – hier SOLL nichts erinnern! Rechts: Blick in den Grill-Stollen/Richtstollen E.

Anschluss gestimmt. Nach Schlosserlehre und Arbeitsdienst rückte EDMUND MOLNAR zur Wehrmacht ein (im August 1943 als Gefreiter der Panzerjäger-Ersatzabteilung 48 in Cilli, Untersteiermark). Sein unvorsichtiger Scherz (die Mutter des Führers sei Jüdin gewesen, und fände er in einem Hotelzimmer ein Führerbild, würde er es abhängen) vor »Kameraden« war sein Todesurteil: Einer denunzierte ihn, er wurde wegen »Wehrkraft-zersetzung« verhaftet. Von der Wehrmachtshaftanstalt Graz wurde er im September in das Wehrmachtsgefängnis Berlin-Tegel überstellt und dort am 16.11.1943 nach halbstün-diger Verhandlung zum Tode verurteilt. Im Hinblick auf die bisherige Unbescholtenheit des Angeklagten und seine einwandfreie Führung machte der Vorsitzende ihm Hoffnung auf Begnadigung. Von einem Kameraden informiert, bemühten sich MOLNARS Eltern um ein Gnadengesuch, stießen bei den NSDAP-Funktionären in Hallein (Bürgermeister ALEXANDER GRUBER) auf taube Ohren, wohl aufgrund des Abstimmungsverhaltens des Vaters. Die letzte Eintragung in MOLNARS Tagebuch stammt vom 24.05.1944, noch voll Hoffnung auf ein Gnadengesuch. Das Urteil wurde am 26.05.1944 vollstreckt.

In der Gamperstraße, rechts hinter dem Haus Nr. 32, befindet sich der Eingang zu einem **Stollen**, der heute von der Bundes-Immobiliengesellschaft (BIG) – wie andere 280 Stollen-anlagen in Österreich – betreut wird. Die Tafel am verschlossenen Tor sagt nichts über die Geschichte, man könnte achtlos daran vorbeigehen. Ein Besuch der Stollenanlage, den 2015 Vizebürgermeister WALTER RESCHREITER in der Reihe »Mut zur Erinnerung« organisiert hat, lässt ahnen, unter welchen Bedingungen der Stollen vorgetrieben bzw. gesprengt wurde. Heute steht der Stollen leer.

Zu Baubeginn am 02.05.1944 – unter dem Decknamen »Kiesel« – war der Stadtteil Hallein-Gamp weitgehend unbebaut. Ziel war, die Rüstungsproduktion der Eugen-Grill-Werke unterirdisch zu verlagern und vor Bomben zu schützen (stillgelegte Betriebs-stollen der Firma Leube in Gartenau/St. Leonhard waren ungeeignet). Offiziell sprach man von einem Luftschutzstollen. 12 Stunden Schichtarbeit waren angeordnet, damit

wenigstens ein Teil des Stollens am 14.03.1945 feierlich in Anwesenheit von Gauleiter GUSTAV ADOLF SCHEEL eröffnet und die Büste des verstorbenen Reichsministers Dr. FRITZ TODT (geschaffen vom Bildhauer JOSEF THORAK, stolzer Besitzer des arisierten Schlosses Prielau/Pinzgau) enthüllt werden konnte. Wann die Verlegung der Produktion und Herstellung in die Grillstollen erfolgte, lässt sich nicht detailliert belegen. 2000 Arbeiter hätten hier arbeiten sollen. Dokumentiert ist aber, dass der Mangel an Material und Betriebsmitteln spürbar wurde, sodass die Arbeiten am 13.04.1945 endeten – mit erst einem Drittel der ursprünglich geplanten 25000 Quadratmeter. Alle Sprengmittel mussten abgeliefert werden (120 bis 150 Tonnen Sprengstoff, 200000 Sprengkapseln und 200 Kilometer Zündschnur waren kalkuliert).
Am 07.05.1945 wurden alle Liegenschaften des EUGEN GRILL von der amerikanischen Militärregierung beschlagnahmt und unter Kontrolle gestellt, da bereits in der Früh des 4. Mai der Gauleiter den Kampfkommandanten Oberst HANS LEPPERDINGER angewiesen hatte, die Stadt Salzburg den Amerikanern kampflos zu übergeben.

Die Verwertungsideen für die Grillstollen, die mit Staatsvertrag vom 15.05.1955 ins Eigentum der Republik Österreich eingegangen sind, klingen absurd: Bergbaumuseum, Nutzung durch das Bundesheer, Giftmülldeponie, Tiefgarage, Guggenheim-Museum, Golfanlage, Drittes-Reich-Museum, Wiederherstellung des Urzustandes durch Auffüllen der Stollenanlage (SCHATTEINER 2011, S. 129). Nichts wurde verwirklicht.

WALTER RESCHREITER erzählte mir am 26.06.2015 vom Vorfall, als die Amerikaner im Anmarsch waren. HEINRICH HIMMLER, der sich in der 1940 beschlagnahmten Trapp-Villa in Aigen einquartiert hatte, wenn HITLER am Obersalzberg war, ließ eiligst sein Büro mit allen Aufzeichnungen in den Stollen bringen.

Das Material fiel dem amerikanischen Geheimdienst OSS in die Hände und wurde an jene US-Dienststelle weitergeleitet, die Beweismaterial gegen deutsche Kriegsverbrecher sammelte. Im Nürnberger Prozess wurden diese Akten nicht verwendet. Auch nicht der darin enthaltene Auftrag, französische Juden zu deportieren, so HIMMLERS Protokoll vom 10.12.1942 über ein Gespräch mit dem »Führer« in Punkt 6. Das sollte erst nach einem Gespräch mit dem mit dem HITLER-Regime kollaborierenden Ministerpräsidenten PIERRE LAVAL erfolgen (HITLER nannte 600000 bis 700000 Juden, was nicht der Realität, sondern dem Wunsch nach umfassender Vernichtung entspricht). Für die Amerikaner war die Auswertung medizinischer Menschenversuche in Dachau im Hinblick auf die Raumfahrt interessanter (Unterdruck, Unterkühlung, etc.). »Heinrich Himmler's Files from Hallein« sind seit Juli 2014 im US Holocaust Memorial Museum einsehbar.

Kranksein im Nationalsozialismus war oft genug ein Todesurteil. Kein Wunder, dass viele sich scheuten, ärztliche Gutachten einzuholen oder ihre Angehörigen einer »Anstalt« anzuvertrauen. Das trifft auf **RICHARD ASPÖCK** (1916–1941) zu (Sulzeneggstraße). Kind einer Notarsfamilie war er an der Spanischen Grippe erkrankt, wurde aufgrund von Beeinträchtigung in der Caritasanstalt St. Anton in Bruck/Glocknerstraße untergebracht, durfte dann – solange seine Eltern lebten – daheim wohnen und erhielt Privatunterricht. Nach dem Tod der Eltern 1939 wurde seine Schwester zum Vormund bestellt. Er lebte dann in der Evangelischen Diakonissen-Anstalt Gallneukirchen. Beschränkte Entmündigung und die Verlegung in das billigere Kuchl wurden vorgeschlagen. Am 13.01.1941 wurde er aus Gallneukirchen weggebracht (»abgegangen nach: unbekannt«). Seiner Schwester wurden falsche Auskünfte erteilt: Er sei in die Heilanstalt Sonnenstein/Pirna verlegt worden und dort an Bauchtyphus gestorben. Doch er starb wie viele andere in Hartheim.

Auf den Umbau des Hauses in der Dorrekstraße 24–26 habe ich eingangs hingewiesen. Das Haus wurde 1932 nach Plänen des Wiener Architekten JOSEF FRIEDL als Wohn- und Altenheim der Halleiner Papier- und Zellulosefabriken errichtet. Es ist nicht nur ein bedeutendes Architekturzeugnis, sondern auch Zeugnis für soziale Errungenschaften der 1930er-Jahre. Einer der Bewohner um 1938 war **RUDOLF GRUBER**.

> Von ihm wissen wir, dass er am 15.11.1893 geboren wurde und Lohnverrechnungsbeamter war. Er war im Gefangenenhaus Garsten bis 1938 inhaftiert. Wir wissen auch, dass er am 26.08.1939 ins Konzentrationslager Dachau und von dort einen Monat später ins Konzentrationslager Buchenwald überstellt wurde. Gestorben ist er »offiziell« am 05.06.1944 im Konzentrationslager Mauthausen. Es wurde aber herausgefunden, dass er im Rahmen der Aktion 14f13 (medizinische Selektion und Tötung von Konzentrationslager-Häftlingen) von Mauthausen nach Schloss Hartheim abtransportiert und dort vergast wurde. Das wirkliche Todesdatum ist unbekannt.

Nach der Niederschlagung des Februaraufstandes 1934 und der Verhaftungswelle hatten sich in Hallein etliche »Schutzbündler« den Kommunisten angeschlossen, andere – so wie der Tischlergehilfe **JOSEF BÜRZER** (1905–1942) – gingen nach Spanien, um in internationalen Brigaden gegen FRANCOS Truppen zu kämpfen, waren aber militärisch chancenlos gegen sie, da Spanien von Italien und Deutschland unterstützt wurde. Rund 260 österreichische Spanienkämpfer starben, die meisten Überlebenden flüchteten über die Grenze nach Frankreich, aber das Vichy-Regime lieferte die Spanienkämpfer (Kommunisten und Sozialisten) an Deutschland aus. 458 österreichische Spanienkämpfer wurden in Konzentrationslager eingewiesen, davon 384 in das Konzentrationslager Dachau, wo die Überlebenschancen größer waren als in Mauthausen oder Groß-Rosen. 80 starben im Konzentrationslager oder wurden Opfer der NS-Euthanasieaktion »14f13«.

Abb. 85. Ein ungewohnter Blick auf einem ungewöhnlichen Weg: Wallfahrtskirche Zu unserer Lieben Frau auf dem Dürrnberg.

Als Mitglied der verbotenen KPÖ ging BÜRZER 1937 nach Spanien zu den Internationalen Brigaden (XI. IB.). In Madrid wurde er später angeblich durch Beamte des SIM (Servicio de Investigación Militar), dem militärischen Abwehrdienst der Spanischen Republik, verhaftet. Ab 16.02.1942 war JOSEF BÜRZER im Konzentrationslager Dachau interniert und starb dort wenige Wochen später am 18.05.1942. Sein letzter Wohnsitz in Hallein war das Haus Griesrechen 373, heute Griesmeisterstraße 20, wo auch der Stolperstein liegt.

An zwei traurige Beispiele von **Kindereuthanasie** erinnern Stolpersteine in der Salzgasse 2 an **HERBERT SCHMITTNER**, 3-jährig, und auf dem Dürrnberg an **URSULA SANDGATHE**,

3-jährig (zwar nicht vor dem Wohnhaus Rumpelgasse 4, sondern vor dem Feuerwehrhaus). Beide fielen den Ärzten »Am Spiegelgrund« zum Opfer. Mit Meldung der Kinder an den Reichsausschuss Berlin (dauernde Pflegebedürftigkeit, Aussichtslosigkeit) stand ihr Ende fest.

Fünfte Etappe: Davisstraße 7 – von der Zigarrenfabrik zum Rüstungsbetrieb

Auf der Einfahrt zum Areal Davisstraße 7 steht der Name »Eugen-Grill-Werke Ges.m.b.H«, was rechtlich korrekt ist, denn 1959 wurde dem Firmengründer EUGEN GRILL der gesamte Besitz zurückgegeben. Die Verpachtung der Gebäude an Ärzte, Rechtsanwälte, an die »LAUBE Sozialpsychiatrische Aktivitäten« GmbH und die »Spielstätte theater objekt« u.a.m. ist bis heute die Einnahmequelle der Erben. An die Zigarrenfabrik erinnert nichts.

Die Produktion von Zigarren begann – zunächst provisorisch – im Jahr 1869, um die Arbeitslosigkeit in Hallein zu mildern. Die Arbeitskräfte waren billig und produzierten zunächst per Hand. 1871 war der Bau der Fabrik abgeschlossen. Die Zahl der Beschäftigten stieg von zunächst 215 auf 510 Menschen im Jahr 1912, 90 % davon Frauen. Die Produktion stieg auf 27 Millionen Zigarren (Britannica, Trabucco, Kuba und Portorico). Produziert wurden Pfeifentabak, »Nordtiroler Kautabak« und Zigaretten. Nach der Umstellung auf maschinelle Zigarettenproduktion wurden zwischen 1922 und 1937 nahezu die Hälfte der Arbeiterinnen nach Zwangspensionierung und Abfertigung entlassen. 1939 wurde die Produktion als nicht kriegswichtig komplett eingestellt.

Abb. 86. Die Arbeiterinnen der k. k. Tabakfabrik.

Abb. 87. »Nicht stillhalten, wenn Unrecht geschieht«: Landeshauptfrau GABI BURGSTALLER verleiht AGNES PRIMOCIC 2005 das Verdienstzeichen für ihr Engagement im Widerstand.

Eine der zentralen Frauengestalten unter den »Tschikweibern« (s. BAUER 2015), die als Symbolfigur des Widerstands gilt, ist **AGNES PRIMOCIC**.

AGNES REINTHALER wurde als drittes von sechs Kindern am 30.01.1905 in Hallein geboren. Sie begann 16-jährig als Arbeiterin in der Tabakfabrik. Zwar verdienten die Frauen mehr als die Männer in der Halleiner Zellulosefabrik, aber unter teils unmenschlichen Arbeitsbedingungen. AGNES brachte 17-jährig ihr erstes Kind unehelich zur Welt, musste es zu einem Bauern »ausstiften« und konnte den Sohn erst nach dem Tod ihres Vaters heimholen. 1930 heiratete sie den gleichaltrigen FORTUNATO PRIMOCIC (Sozialist und Arbeiter in der Zellulosefabrik). Der Ehe entstammen zwei Töchter. Als Betriebsrätin führte sie die Kolleginnen zur politischen Arbeit hin und machte ihnen die Lage der Frauen bewusst. Die Russlandreise mit ihrem Mann 1933 verstärkte ihre Kritik an der christlich-sozialen Regierung, die Anhaltelager zur Internierung politischer Gegner eingerichtet hatte. Dem Aufruf zum Generalstreik 1934 folgte auf PRIMOCICS Betreiben die gesamte Halleiner Zigarrenfabrik als einzige in Salzburg. AGNES PRIMOCIC trat der Kommunistischen Partei bei. Noch vor dem Anschluss wurde sie mehrfach verhaftet und entlassen. Ihr war nach der Lektüre von »Mein Kampf« klar, was auf das Land zukommt. Nach dem Einmarsch deutscher Truppen erhielt PRIMOCIC zwar wieder ihre Arbeit in der Tabakfabrik, geriet aber bald ins Visier der Gestapo. Als sie 1941 für die »Rote Hilfe« sammelte, wurde sie von der Gestapo inhaftiert (um die beiden kleinen Kinder kümmerte sich eine Nachbarin), kam aber 1942 wieder frei, da die Genossen sie nicht verrieten. Als ihr Mann eingezogen wurde, musste sie ihm versprechen, sich nicht mehr politisch zu betätigen, um sich und die Familie nicht zu gefährden – aber sie konnte »*nicht stillhalten, wenn Unrecht geschieht*«! Die letzte Spur ihres Mannes verliert sich beim Rückzug in einem Dorf Maibaum in Ostpreußen. Um Waisengeld zu bekommen, hätte sie ihren Mann für tot erklären müssen, was sie aus Prinzip verweigerte, zu einer Zeit, wo sie aus dem Gemeinderat schon ausgeschieden war: »*In den Ämtern sind die Nazis gesessen, die für ihre Leute immer noch etwas tun konnten und für andere eben nicht.*« (PRIMOCIC 2004, S. 69). Ab 01.05.1945 wurde PRIMOCIC Gemeinderätin für Fürsorge und setzte sich besonders für die Errichtung von Kindergärten ein. Nach 1946/1947 schied sie aus dem Gemeinderat aus. Danach wirkte sie unermüdlich als Zeitzeugin in Schulen und in der Erwachsenenbildung. Reichlich spät würdigte sie Hallein als Ehrenbürgerin am 28.06.2000 (ein Jahr nach Slalom-Olympiasieger THOMAS STANGASSINGER!), 2005 erhielt sie das Goldene Verdienstzeichen des Landes Salzburg. 2007 starb AGNES PRIMOCIC 102-jährig.

Die als nicht kriegswichtig eingestufte Halleiner Tabakfabrik wurde stillgelegt und am 24.02.1940 um 200 000 RM an EUGEN GRILL verkauft (s. KRIEGSEISEN, MÜHLBACHER, SCHATTEINER & WINTERSTELLER 2011). Die neue Produktionsstätte diente der »Erzeugung von Motoren und Spezialmaschinen als Zweigbetrieb zum Hauptbetrieb in Stuttgart-Zuffenhausen«, also dem BMW-Motorenwerk.

Abb. 88. *Das weitläufige Areal in der Davisstraße 7 – erst Tabakfabrik, dann Rüstungsbetrieb, jetzt Einnahmsquelle für die Erben des Firmengründers EUGEN GRILL.*

Die Lage des Rüstungsbetriebes nahe der Altstadt war im Fall von Luftangriffen nicht unproblematisch, wurde aber ignoriert. Die eher desolaten Anlagen mussten technisch aufgerüstet werden. Geeignete Arbeitskräfte zu finden gelang im Wege der Dienstverpflichtung: Am 01.10.1940 begannen 120 Beschäftigte, zum 01.02.1944 waren es bereits 792 Arbeiter und Angestellte (nach einer im Jahr 1946 erstellten Liste waren 543 Männer und 325 Frauen beschäftigt – nach Schätzung aufgrund der Namen stammten 197 aus Russland, 164 aus Frankreich, 140 aus Italien, 63 aus Polen, 49 aus der Tschechoslowakei, 28 aus den Niederlanden und 11 aus Griechenland). Unter den 38 Lehrlingen waren sieben junge Frauen. Um ihre betriebseigenen Arbeiter unterbringen zu können, übernahmen die Grillwerke das von der Reichsautobahn bestehende Barackenlager in Puch. Von den 12 gemauerten und sieben hölzernen Baracken wurden zwölf als Wohnbaracken verwendet.

Schon früh wurden zivile ausländische Zwangsarbeiter und auch Kriegsgefangene aufgenommen, um die Produktionsvorgaben zu erfüllen. Zum 21.12.1944 waren insgesamt 560 zivile Ausländer und Ostarbeiter sowie 42 Kriegsgefangene beschäftigt (WINTERSTELLER in KRIEGSEISEN et al, 2011, S. 89).

Die Produktion in Hallein begann im Juni 1940 mit Bauteilen des Kommandogeräts für BMW – das hier näher auszuführen sprengt den Rahmen (s. KRIEGSEISEN et al. 2011, S. 133–149). BMW selber wurde immer mehr abhängig vom Reichsluftfahrtministerium, was zu einem Umbau des Unternehmens zu einem reinen Luftfahrtkonzern führte. Am 20.04.1943 wurden die Eugen-Grill-Werke in eine Ges.m.b.H. umgewandelt, das Werk wurde durch Grundstücksankäufe im Umfeld erweitert. Aber wie schon beim Stollenbau: mangels Baumaterial musste der Bau einer Wirtschaftsbaracke am 21.04.1945 eingestellt werden. Die amerikanische Militärregierung beschlagnahmte alles am 07.05.1945.

Sechste Etappe: das Außenlager Hallein des Konzentrationslagers Dachau

Von der Ostseite des Halleiner Bahnhofs geht man in knapp vier Minuten zur Wiestal-Landesstraße 19. Hier liegt der Stolperstein für den Vertreter der im Widerstand besonders engagierten Gruppe der Eisenbahner, **HANS PRAMER**. Ihm zu Ehren wurde ein Teil des Bahnhofsvorplatzes umbenannt.

> Geboren am 10.10.1882 in St. Veit, OÖ, war er von Jugend aktives Mitglied der sozialdemokratischen Partei. Als Eisenbahner engagierte er sich erst im Gasteinertal, kam später nach Werfen und war ab 1917 Vertrauensmann der Lokalorganisation. Nach Übersiedlung nach Hallein war er viele Jahre Funktionär der Lokal- und Bezirksorganisation, Angehöriger des Republikanischen Schutzbundes und bis 1934 Obmann der Eisenbahnergewerkschaft im Bezirk. Nach dem Verbot der Partei schloss er sich den Revolutionären Sozialisten und der illegalen Gewerkschaftsbewegung an. 1942 wurde er von seinem Sohn angezeigt (lt. PRIMOCIC 2004, S. 67). Er wurde am 22.02.1942 verhaftet und wegen »Hochverrates« vom Volksgerichtshof in Berlin zu zwei Jahren Gefängnis verurteilt. Er wurde am 29.05.1943 im Zuchthaus Landsberg (Oberbayern) enthauptet.

Von der Westseite des Bahnhofs fährt der Bus 450 zum Betonwerk Deisl (zwischen den Haltestellen Schlossbauer und Marmorwerk). Seit den 1930er-Jahren befanden sich auf dem Besitz des Steinmetzmeisters HEINRICH DEISL Baracken, das »Lager Hofbruch«, eine Wohnanlage für die im Steinbruch beschäftigten italienischen Arbeitskräfte. Mit 21.07.1942

Abb. 89. *Die steilen Felswände schirmten das Außenlager des Konzentrationslagers Dachau ab, heute erfolgreiches Betonwerk Deisl.*

wurden 19 russische Kriegsgefangene einquartiert. Im Frühjahr 1943 musste der Steinbruch, den die Gebrüder DEISL nur gepachtet hatten, der SS überlassen werden. Im Sommer desselben Jahres wurde hier das **Außenlager des Konzentrationslagers Dachau** errichtet (DOHLE & SLUPETZKY 204, S. 147 f., 165–167), dessen Existenz nach der Ausstrahlung der ORF-Dokumentation »Widerstand in Rot-Weiß-Rot« FPÖ-Gemeinderat GERHARD CIRLEA bestritten und der »damaligen Kommunistin« PRIMOCIC Geschichtsfälschung unterstellt hatte. Kommentar des damaligen ÖVP-Bürgermeisters CHRISTIAN STÖCKL: »Der wird es nie verstehen«.

Die Halleiner Außenstelle des Konzentrationslagers Dachau war von drei Seiten von Felsen umgeben und mit Stacheldraht und einem Wachturm am Eingang gesichert. Der Personalstand mit Bewachern und 90 Häftlingen wurden im Stand Dachau geführt. Handwerker und Hilfsarbeiter wurden im Konzentrationslager Dachau ausgesucht und nach Hallein transportiert. Ihr Tagesablauf bestand im täglichen Ausrücken zu verschiedenen Arbeitsplätzen, besonders im Stollenbau der Eugen-Grill-Werke, aber auch für die 2000 Mann starke SS-Einheit. Jede Tätigkeit musste von den halbverhungerten Häftlingen im Laufschritt ausgeführt werden, viele starben vor Hunger und/oder Erschöpfung. Als besondere Schikane galt das Wasserholen, weil Häftlinge scheinbar »auf der Flucht« erschossen werden konnten – jeder Erschossene brachte den Aufsehern fünf Tage Sonderurlaub (DOHLE & SLUPETZKY 2004, S. 2011 f.). Nur wenige Fluchtversuche gelangen – in drei Fällen mit Hilfe von AGNES PRIMOCIC und ihrer Freundin MALI ZIEGENLEDER: SEPP PLIESEIS im Herbst 1943, LEO JANSA und ALFRED HAMMERL im Dezember 1944 (PRIMOCIC 2004, S. 51–55). In den letzten Kriegswochen wurden die KZ-Häftlinge nicht mehr zu planmäßigen Arbeitseinsätzen herangezogen, hatten aber berechtigte Angst, als unliebsame Zeugen ermordet zu werden. PRIMOCIC erhielt einen solchen Hilferuf von einem Unbekannten namens SCHANI (PRIMOCICS Bruder, der als Spanienkämpfer in Dachau einsaß, hatte ihm dazu geraten). Selbst von der Gestapo bedroht, überredete PRIMOCIC im April 1945 den SS-Lagerkommandanten zur Freilassung von 17 zum Tod verurteilten Häftlingen: Darunter sei ihr Bruder (den unbekannten SCHANI STAFFENBERGER gab sie als Bruder aus). Erst musste sie noch beim Bürgermeister vorsprechen, um die Häftlinge in der Stadt unterzubringen. Trickreich und mit Mut gelang ihr, die Gefangenen freizubekommen, Blutvergießen zu verhindern und die KZ-Häftlinge in leerstehende Baracken nahe der Seilbahn unterzubringen. Am 05.05.1945 trafen die amerikanischen Soldaten hier ein und besetzten das Lager.

Am 18.01.2012 wurde durch die Privatinitiative von MANFRED DEISL (nicht von der offiziellen Stadtpolitik) ein Gedenkstein aus Deisl-Beton und Marmortafeln aufgestellt, in dessen letztem Satz es heißt: »*Im April 1945 befreite die Halleinerin Agnes Primocic in einer mutigen Aktion siebzehn Gefangene aus dem Lager*«.

Blick in die Nachbarschaft: das Lager in Puch

Vom Bus 160 (ab Kornsteinplatz) aus sieht man auf dem Weg nach Puch in **Oberalm** auf der rechten Seite den einzigen im Original erhaltenen Schrannen-(Taiding)-Tisch, von dem aus bis Beginn des 19. Jahrhunderts zweimal jährlich das Landrecht verkündet und Recht gesprochen wurde. Von der Busstation Puch Stadtmitte folgt man dem Wegweiser zum Skaterplatz (!) – und stößt dort eher zufällig auf die Überreste des Lagers.

Die Aussagen über Größe und Belegung des Lagers divergieren. Etwa ab März 1945 wurde im Lager Puch-Aufeld die provisorische Unterbringung von ca. 500 Zwangsarbeitern und

Abb. 90. *Der originale Taiding-Tisch in Oberalm.*

Kriegsgefangenen möglich (überwiegend aus den Eugen-Grill-Werken). Durch Luftangriffe konnten die Arbeiter oft nicht nach Hallein kommen, was zu Produktionsausfällen führte. Die Zahl von »mehr als 1000 Zwangsarbeitern« aus Polen, der UdSSR, Italien, Griechenland und der Tschechoslowakei und einer Vielzahl französischer Kriegsgefangener im Dritten Reich scheint allerdings zu hoch gegriffen (so WINTERSTELLER 2011, S. 89).

Mitte Mai 1945 wurde auch dieses Lager durch die Amerikaner geräumt. Es wurde von 1945 bis 1956 als Flüchtlingslager genützt. Hauptsächlich wurden Flüchtlinge aus Osteuropa untergebracht, darunter viele jüdische Flüchtlinge. Aber auch Angehörige von SS-Einheiten und der NSDAP versteckten sich vorübergehend dort. Im Jänner 1956 wurde das Lager Puch endgültig geschlossen.

Die Initiative des damaligen Bürgermeisters JAKOB GFRERER (1990–1999) zur Schaffung einer Erinnerungsstätte (mit dem Rest der Lagermauer und einer Gedenktafel im Boden) ist verdienstvoll. Umso mehr irritiert, dass es in der Gemeinde keinerlei Hinweis darauf gibt, nicht auf dem Panoramabild, nicht mit einem kleinen Wegweiser. Was las man auf dem Oberalmer Schrannentisch? *»Ehret die Denkmäler der Vergangenheit«*! Das legt die offizielle Gemeindepolitik (in Puch, Hallein und Anif) recht selektiv aus.

Das bringt mich zurück zur Eingangsfrage, ob und wie wir durch die Begegnung und Beschäftigung mit der Vergangenheit im politischen Gegenwartsverständnis mutiger, (zivil-) couragierter und im sozialen Denken humaner werden …

Abb. 91. *Nur mit entsprechendem Spürsinn zu finden: Erinnerungsreste an das Zwangsarbeiterlager in Puch mit der Gedenktafel von GÜNTER STANZER.*

Literatur

Biografische Angaben zu den Opfern sind weitgehend anhand der Unterlagen zu den Stolpersteinverlegungen und der Website des Personenkomitees www.stolpersteine-hallein.at erstellt. Ergänzt durch Interviews mit WALTER RESCHREITER (26.06.2015, 15.07.2015); siehe auch Website von GUNTER DEMNIK (www.stolpersteine.eu).

AMESBERGER, HELGA (2006): »Vergessen und unter den Teppich gekehrt – Frauen im Widerstand«. – S. 51–73 in: ASCHAUER-SMOLIK, SABINE & ALEXANDER NEUNHERZ (Hrsg.): Dagegenhalten. Zivilcourage und widerständiges Verhalten. Innsbruck, Wien, Bozen (Studienverlag).

AMMERER, GERHARD (Hrsg., 1998): Puch bei Hallein. Geschichte und Gegenwart einer Salzburger Gemeinde. – Puch (Eigenverlag).

ASCHAUER-SMOLIK, SABINE & ALEXANDER NEUNHERZ (Hrsg., 2006): Dagegenhalten. Zivilcourage und widerständiges Verhalten. – Innsbruck, Wien, Bozen (Studienverlag).

BAUER, INGRID (2015): »Tschikweiber haums uns g'nennt ...« Die Zigarrenfabriksarbeiterinnen von Hallein. Frauen. Arbeit. Geschichte. – Berlin (Die Buchmacherei).

DOHLE, OSKAR & NICOLE SLUPETZKY (2004): Arbeiter für den Endsieg. Zwangsarbeit im Reichsgau Salzburg 1939–1945. – Wien, Köln, Weimar (Böhlau)

DOPSCH, HEINZ & EWALD HIEBL (Hrsg., 2003): ANIF. Kultur, Geschichte und Wirtschaft von Anif, Niederalm und Neu-Anif. – Anif (Gemeinde Anif).

EMBACHER, HELGA (1993): »Neubeginn ohne Illusionen – Jüdische Flüchtlinge aus Osteuropa«. – S. 285–336 in: FEINGOLD, MARKO M. (Hrsg.): Ein ewiges Dennoch. 125 Jahre Juden in Salzburg. Wien u. a. (Böhlau).

FEINGOLD, MARKO M. (Hrsg., 1993): Ein ewiges Dennoch. 125 Jahre Juden in Salzburg. Wien u. a. (Böhlau).

GOBIET, RONALD & HEIMAT ÖSTERREICH (Hrsg., 2008): Häuser am Schöndorfer Platz. Erhalten und Erneuern in Hallein. – Salzburger Beiträge zur Kunst- und Denkmalpflege, Band 4; Gemeinnützige Wohnungs- und Siedlungsgesellschaft Heimat Österreich; Salzburg, München, Wien (Anton Pustet).

HANISCH, ERNST (1997): Gau der guten Nerven – Die nationalsozialistische Herrschaft in Salzburg 1938–1945. – Salzburg, München (Pustet).

HIEBL, EWALD (2003): »Dörfliches Leben vor den Toren der Stadt – Anif 1848–1945«. – S. 147–180 in: DOPSCH, HEINZ & EWALD HIEBL (Hrsg., 2003): ANIF. Kultur, Geschichte und Wirtschaft von Anif, Niederalm und Neu-Anif. – Anif (Gemeinde Anif).

KERSCHBAUMER, GERT (1993): »Von der Vertreibung zum Neubeginn«. – S. 209–283 in: FEINGOLD, MARKO M. (Hrsg.), Ein ewiges Dennoch. 125 Jahre Juden in Salzburg. Wien u. a. (Böhlau).

KRIEGSEISEN, JOSEF, KATHARINA KARIN MÜHLBACHER, JOHANN SCHATTEINER & WOLFGANG WINTERSTELLER (2011): Die Eugen-Grill-Werke in Hallein. Der größte Rüstungsbetrieb im Land Salzburg während des Dritten Reiches. – Hallein (Stadtarchiv Hallein, Keltenmuseum Hallein) [alle Einzelbeiträge].

LICHTBLAU, ALBERT (2004): »Arisierungen«, beschlagnahmte Vermögen, Rückstellungen und Entschädigungen in Salzburg. – Wien (Oldenbourg).

OFFICE OF MILITARY GOVERNMENT FOR GERMANY (US), OFFICE OF THE DIRECTOR OF INTELLIGENCE (Hrsg.): Heinrich Himmler's Files from Hallein. World War II. BACM Research: http://www.paperlessarchives.com/FreeTitles/HimmlerHalleinFiles.pdf (16.07.2015)

PLAKOLM-FORSTHUBER, SABINE (1994): Künstlerinnen in Österreich 1897–1938. – Wien (Picus).

PRIMOCIC, AGNES (2004): s. ZEHETNER, M. 2004.

RESCHREITER, WALTER (2007): LEBENS(UN)WERT. NS-Euthanasie im Land Salzburg. Wiedergefundene Lebensgeschichten von Opfern der Rassenhygiene. Begleitpublikation zur Ausstellung der Laube sozialpsychiatrische Aktivitäten GmbH. – Salzburg (Edition Tandem).

ROLINEK, SUSANNE, GERALD LEHNER & Christian STRASSER (2009): Im Schatten der Mozartkugel. Reiseführer durch die braune Topografie von Salzburg. – Wien (Czernin-Verlag).

ROLINEK, SUSANNE (2013): »Kunst für das Volk? Bildende Kunst zwischen ›Entartung‹ und ›wahrer Volksverbundenheit‹. – S. 460–497 in: VEITS-FALK, SABINE & ERNST HANISCH (Hrsg.) (2013): Herrschaft und Kultur. Instrumentalisierung, Anpassung, Resistenz. Bd. 4: Die Stadt Salzburg im Nationalsozialismus. – Schriftenreihe des Archivs der Stadt Salzburg 37: Salzburg.

SCHAFFER, NIKOLAUS (2002): Helene von Taussig (1879–1942): Die geretteten Bilder. Ausstellungskatalog. – Salzburg (Salzburger Museum Carolino Augusteum).

SCHATTEINER, JOHANN F. (2011): »Die Anlage des Grillstollens«. – S. 97–131 in: KRIEGSEISEN, JOSEF, KATHARINA KARIN MÜHLBACHER, JOHANN SCHATTEINER & WOLFGANG WINTERSTELLER: Die Eugen-Grill-Werke in Hallein. Der größte Rüstungsbetrieb im Land Salzburg während des Dritten Reiches. – Hallein (Stadtarchiv Hallein, Keltenmuseum Hallein).

VEITS-FALK, SABINE & ERNST HANISCH (Hrsg., 2013): Herrschaft und Kultur. Instrumentalisierung, Anpassung, Resistenz. Bd. 4: Die Stadt Salzburg im Nationalsozialismus. – Schriftenreihe des Archivs der Stadt Salzburg 37: Salzburg.

WEBER, MARTIN & ARCHITEKTEN SCHEICHER (2008): »Die Planungsgeschichte des Projekts«. – S. 162–165 in: GOBIET, RONALD & HEIMAT ÖSTERREICH (Hrsg.) (2008): Häuser am Schöndorfer Platz. Erhalten und Erneuern in Hallein. – Salzburger Beiträge zur Kunst- und Denkmalpflege, Band 4; Gemeinnützige Wohnungs- und Siedlungsgesellschaft Heimat Österreich; Salzburg, München, Wien (Anton Pustet).

WINTERSTELLER, WOLFGANG (2008): »Am Schöndorfer Platz. Ereignisse und Persönlichkeiten der Stadtgeschichte Halleins«. – S. 26–29 in: GOBIET, RONALD & HEIMAT ÖSTERREICH (Hrsg.) (2008): Häuser am Schöndorfer Platz. Erhalten und Erneuern in Hallein. – Salzburger Beiträge zur Kunst- und Denkmalpflege, Band 4; Gemeinnützige Wohnungs- und Siedlungsgesellschaft Heimat Österreich; Salzburg, München, Wien (Anton Pustet).

WINTERSTELLER, WOLFGANG (2011): »Die Eugen Grill Werke G.m.b.H.«. – S. 65–96 in: KRIEGSEISEN, JOSEF, KATHARINA KARIN MÜHLBACHER, JOHANN SCHATTEINER & WOLFGANG WINTERSTELLER: Die Eugen-Grill-Werke in Hallein. Der größte Rüstungsbetrieb im Land Salzburg während des Dritten Reiches. – Hallein (Stadtarchiv Hallein, Keltenmuseum Hallein).

ZEHETNER, MICHAELA (Hrsg., 2004): Nicht stillhalten, wenn Unrecht geschieht. Die Lebenserinnerungen von Agnes Primocic. – Salzburg (Akzente) [im Text zitiert als PRIMOCIC 2004].

Anfahrt: Auf der A 10 bis zur Abfahrt Bischofshofen, weiter auf der B 311 nach Schwarzach (nicht in den Umfahrungstunnel einfahren), am Ortsende von Schwarzach rechts die Abzweigung nach Goldegg. Weiterfahrt nach Weng und von dort in Richtung Böndlsee bis zur Abzweigung »Hackeralm« und »Meislsteinalm«. Parkplatz beim Irrsteinbauer.

Gehzeiten: Hinweg zum Gamskögerl über Schindleggwald 3 Stunden und 730 Höhenmeter, Rückweg über Wenger Wald und Hirtenkapelle 2 Stunden.

Karte: WK 103, 1:50 000, Freytag & Berndt.

Einkehrmöglichkeit: Hackeralm, Meislsteinalm.

Unsere Flora und Fauna ist das Resultat einer langen Entwicklung, die weit in die Geschichte unseres Planeten zurückreicht, geprägt von geologischen und klimatischen Veränderungen und schließlich vom Wirken des Menschen. Zahlreiche pollenanalytisch untersuchte Moor- und Seeablagerungen vermitteln heute ein recht genaues Bild über die Geschichte der Vegetation seit dem Ende der letzten Eiszeit. Die Untersuchungsergebnisse des Goldegger Moors zeigen nicht nur die Verhältnisse in diesem eng begrenztem Raum, sondern geben, abgesehen von lokalen Besonderheiten, einen guten Überblick über die Vegetationsentwicklung in Salzburg und den angrenzenden Gebieten nördlich des Alpenhauptkamms.

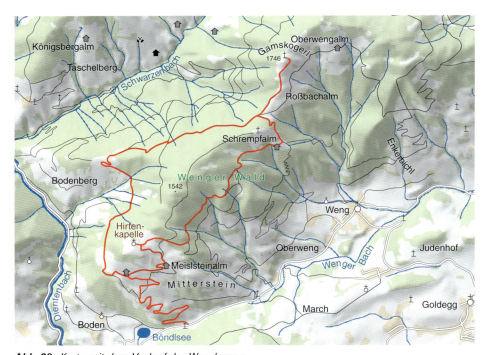

Abb. 93. Karte mit dem Verlauf der Wanderung.

◁ **Abb. 92.** Almwiese oberhalb der Meislsteinalm mit Blick gegen die Hohen Tauern. Im Vordergrund blühende Knabenkräuter.

Tertiäre Ausgangssituation

Gegen Ende des Tertiärs veränderte sich das über lange Zeit weitgehend ausgeglichene Klima und es kam zu Klimaschwankungen und Abkühlung. In der Folge wurde die in unseren Breiten bis dahin vorherrschende tropisch-subtropische, immergrüne Vegetation von aus dem Norden kommenden Wäldern verdrängt. In den heutigen Polargebieten, die während des Tertiärs zur gemäßigten Klimazone gehört hatten, hatte sich eine artenreiche Waldflora entwickelt, die neben den bei uns heimischen Laub- und Nadelbäumen auch Arten enthielt, die in Europa jetzt nur noch als Park- und Gartengehölze wachsen, wie z. B. Mammutbaum und Tulpenbaum, Sumpfzypressen und Magnolien. Die Klimaverschlechterung zwang diese Wälder nach Süden auszuweichen.

Im Tertiär hatten sich außerdem im Zusammenspiel mit der Bildung von Gebirgen schrittweise Gebirgspflanzen entwickelt. Wichtige Bildungszentren für Alpenpflanzen waren mediterrane und afrikanische Gebirge, die Arktis und vor allem asiatische Gebirge. Viele unserer Alpenpflanzen wie z. B. Eisenhut, Rittersporn, Akelei, Alpenrose und Enzian entstanden im Himalaya, Altai-Gebirge oder in den westchinesischen Gebirgen. In den Alpen selbst entstanden nur wenige Gattungen. Über die Beringstraße hatte ein intensiver Austausch asiatischer, europäischer und nordamerikanischer Pflanzensippen stattgefunden. Insgesamt war die Entwicklung der europäischen Flora am Ende des Tertiärs, also vor rund 2,5 Millionen Jahren, weitgehend abgeschlossen und verglichen mit der heutigen Flora wesentlich artenreicher.

Eiszeiten

Im Quartär verstärkten sich die schon gegen Ende des Tertiärs einsetzenden Klimaschwankungen. Ein mehrmaliger Wechsel von Kaltzeiten (Glazialen) und Warmzeiten (Interglazialen) führte zu tiefgreifenden Veränderungen der Flora und Fauna. Während der Kaltzeiten bildeten sich von den Polkappen ausgehend riesige Eismassen und darüber hinaus weitreichende Vergletscherungen von Gebirgen und teilweise auch Mittelgebirgen. Der Großteil der Alpen lag unter einer mächtigen Eisschicht und die Gletscher reichten weit in die Vorländer hinaus. Kleinere Vergletscherungen betrafen auch südliche Gebirge und Mittelgebirge. Auch außerhalb der Eismassen war das Klima vegetationsfeindlich und so breiteten sich Tundren und Steppen aus. Die Vegetation wurde aus ihren jeweiligen Arealen verdrängt. Die Waldvegetation, die weite Teile Europas bedeckte, wurde mehr oder weniger weit nach Süden und Südosten abgedrängt. Zumindest während der letzten Eiszeit existierten auch in Südeuropa keinerlei geschlossene Wälder, sondern lediglich kleinere isolierte Gehölze an günstigen Standorten.

In den Warmzeiten bildeten sich erneut Wälder und die einzelnen Sippen versuchten aus ihren Rückzugsgebieten heraus, wieder ihre ursprünglichen Areale einzunehmen. Dies gelang jedoch nicht allen Sippen im gleichen Ausmaß und so verschwanden zunehmend Arten aus Europa.

Allerdings darf Eiszeit nicht nur als Zeit der Zerstörung betrachtet werden. Viele Gebirgspflanzen und Arten der Arktis wurden in eisfreie Tieflagen abgedrängt und fanden nun dort, ohne Wälder als Barriere, gute Wanderungsmöglichkeiten vor, und es kam zu einem regen Florenaustausch zwischen den Pflanzen europäischer Gebirge und der Arktis. Auch Sippen aus asiatischen Gebirgen konnten nach Europa gelangen. So ist, unter vielen anderen, auch die »Wappenpflanze« der Alpen, das Edelweiß, zu dieser Zeit aus Asien zugezogen – ebenso wie die Zirbe.

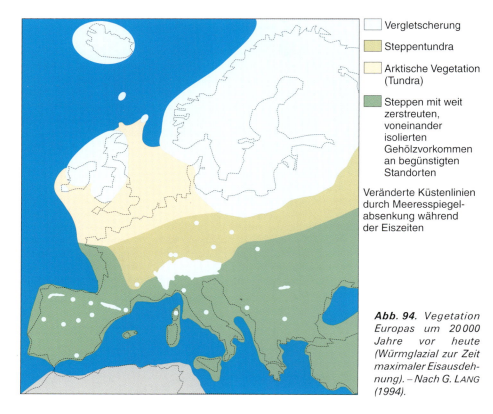

Vergletscherung

Steppentundra

Arktische Vegetation (Tundra)

Steppen mit weit zerstreuten, voneinander isolierten Gehölzvorkommen an begünstigten Standorten

Veränderte Küstenlinien durch Meeresspiegel-absenkung während der Eiszeiten

Abb. 94. Vegetation Europas um 20000 Jahre vor heute (Würmglazial zur Zeit maximaler Eisausdehnung). – Nach G. LANG (1994).

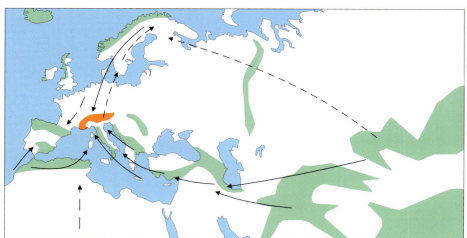

Abb. 95. Herkunft der Alpenpflanzen: Arktis, Asien und mediterrane Gebirge. – Nach H. REISIGL & R. KELLER (1994).

Abb. 96. *Goldegg: Das Ortsbild des malerischen Ortes, der im Mittelalter an der Verbindungs-straße zwischen Schwarzach und Lend lag, wird bestimmt vom Schloss und der Kirche. Beide Bauten gehen auf das 14. Jahrhundert zurück. Die Bohrstelle liegt am rechten Bildrand.*

Durch die Rückwanderung der Wälder wurden die Alpenpflanzen aber wieder in die Gebirge zurückgedrängt und ihre großen zusammenhängenden Areale wurden zerstückelt, so dass viele dieser Pflanzen heute in kleinen, isolierten, oft sehr weit voneinander entfernten Teilarealen leben, die aber das einstige Gesamtverbreitungsgebiet markieren.

Das Goldegger Moor

Goldegg liegt klimatisch begünstigt auf einer Terrasse hoch über dem Salzachtal. Am Ende der letzten Eiszeit ging die Verbindung zum Haupttalgletscher schon bald verloren und das Gebiet wurde relativ früh eisfrei.

Das Moor ist durch Verlandung des heute nur noch als Rest erhaltenem Sees entstanden. Der für die Untersuchung entnommene Bohrkern reicht bis in eine Tiefe von 13,2 Metern. Die 7,5 Meter mächtige Seetonschicht an der Basis deutet auf spärlichen Pflanzenbewuchs während der Ablagerungszeit hin. Ohne stabilisierende Pflanzendecke wurden von den Hängen reichlich tonig-schluffige Sedimente eingeschwemmt. Auf dem Ton liegt noch eine Seekreideschicht, sodass erst bei 4,60 Metern organisches Material (Torf) für eine ^{14}C-Datierung entnommen werden konnte. Beim Datum 11 330 Jahre vor heute zeigt der Kurvenverlauf von Birke und Kiefer bereits Waldvegetation an, sodass davon auszugehen ist, dass in der Gegend um Goldegg wie in anderen vergleichbaren Lagen der Ostalpen seit ca. 12 500 Jahren Wald wächst.

Spät- und postglaziale Vegetationsgeschichte

Das Diagramm Goldegg umfasst die gesamte Abfolge der spät- und postglazialen Vegetationsentwicklung. Die einzelnen Diagrammabschnitte grenzen die wesentlichen Phasen dieser Entwicklung voneinander ab.

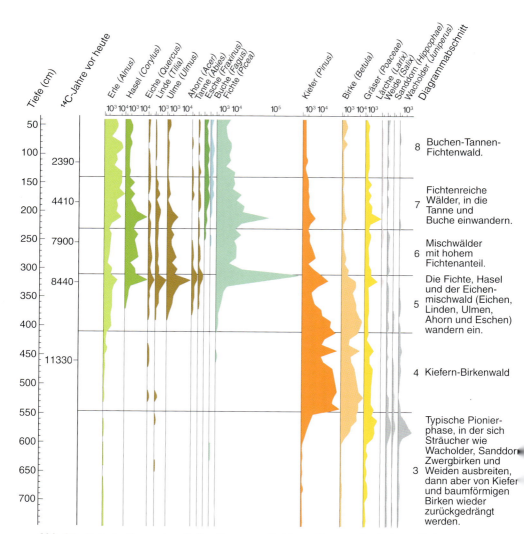

Abb. 97. *Ausschnitt aus dem Pollendiagramm Goldegg. Dargestellt sind nur die Kurven vegetationsbeherrschender Holzpflanzen und von Gräsern. Bei der Interpretation ist zu beachten, dass Kiefer, Fichte, Hasel und Birke durch die reiche Pollenproduktion überrepräsentiert sind.*

Diagrammabschnitt 3. Zunächst breiteten sich diejenigen Pflanzen aus, die in nächster Nähe überdauern konnten. Diese Pionierphase begann bereits in den Diagrammabschnitten 1 und 2 (in dieser Darstellung nicht abgebildet). Gegen Ende dieses Diagrammabschnittes traten verstärkt lichtliebende Holzarten wie Zwergbirke, Sanddorn und Weiden und vor allem Wacholder auf. Diese Strauchphase ist als Initialphase der Wiederbewaldung anzusehen. Die Zwergbirke, die während der Eiszeit aus dem Norden, wo sie heute wieder weit verbreitet ist, nach Süden gedrängt wurde, gilt bei uns als Glazialrelikt mit einzelnen isolierten rezenten Vorkommen (z. B. am Dientner Sattel)

Diagrammabschnitt 4. Nach dieser Strauchphase begann die eigentliche Waldentwicklung. Es bildeten sich lockere Kiefern-Birkenwälder – nun mit baumförmigen Birken – die aber den lichtliebenden Sträuchern noch genügend Raum ließen. Die Kiefer konnte sich dank gut flugfähiger Samen, die zudem von Vögeln verschleppt werden, überall in den nach der Eiszeit waldfreien Gebieten sehr rasch ausbreiten. Dank glazialer Refugien in Alpennähe, konnte sie auch hier schon früh große Gebiete besiedeln.

Diagrammabschnitt 5. Dieser Diagrammabschnitt zeigt eine Phase optimaler Waldentwicklung – auch bis in höhere Lagen. Holz- und Zapfenfunde belegen, dass vor 9000 Jahren im Venedigergebiet in einer Höhe von 2300 Metern Zirben wuchsen.

Neue Baumarten kamen an und konnten sich auf Kosten der Kiefer ausbreiten. Die konkurrenzschwachen, aber anspruchslosen Kiefern werden unter natürlichen Verhältnissen meist von anderen Waldbäumen verdrängt – außer bei ungünstigen Bodenverhältnissen. Kiefern wachsen oft unter Bodenbedingungen, die für die meisten Baumarten zu schlecht sind. Sie geraten dabei zwar selbst an ihre Grenzen, sind aber vor Konkurrenz geschützt.

Als erste neue Baumart erreichte die Fichte das Gebiet um Goldegg – geringe Pollenmengen in älteren Abschnitten sind als Fernflug zu deuten. Durch den rasch nachrückenden Eichenmischwald (Eiche, Linde, Ahorn, Esche und vor allem Ulme) konnte sie sich zwar nicht ungehindert ausbreiten, wurde aber trotzdem rasch zur dominierenden Baumart im Gebiet. Auch die Hasel fand an den sonnigen Hängen gute Wuchsbedingungen. In höheren Lagen konnte sich die Lärche im Gebiet etablieren. Sie ist zwar im Pollendiagramm nur spärlich vertreten, aber rezente Untersuchungen zeigen, dass Lärchen im Pollenspektrum immer stark unterrepräsentiert sind.

Diagrammabschnitt 6. Inzwischen konnten alle Baumarten gemäß den Konkurrenz- und Bodenverhältnissen ihre Standorte einnehmen. In den tieferen Lagen dominierte der Eichenmischwald – der nach oben hin zunehmend von der Fichte durchsetzt wurde – und die Höhenlagen wurden von Fichten und Lärchen beherrscht. Gegen Ende dieses Abschnitts erscheint auch bereits die Tanne.

Diagrammabschnitt 7. Dieser Abschnitt des Diagramms zeigt mit der Ausbreitung von Buche und Tanne die letzte nicht anthropogen verursachte Umstrukturierung des Waldes. Diese beiden Baumarten, ausgehend von eiszeitlichen Refugien im Süden der Apennin- und Balkanhalbinsel, erreichten den Ostalpenraum nahezu zeitgleich. Das Areal der Tanne bleibt allerdings auf Mittel- und Südeuropa beschränkt, während die Buche, mit ihrer großen ökologischen Amplitude, heute eine weite Verbreitung in Europa hat – von den mediterranen Gebirgen bis in den Süden Skandinaviens. Ohne Wirken des Menschen wäre sie vor allem in Mitteleuropa in weiten Bereichen die dominierende Baumart – außer auf staunassen oder sehr flachgründigen bzw. trockenen Böden oder in Gegenden mit häufigen Spätfrösten. Daher meidet sie auch die kontinentaleren Bereiche der Alpen und ihre Bedeutung im

Die Fichte

Die Fichte, ein Baum mit großer ökologischer Amplitude, wurde in den vergangenen Jahrzehnten forstwirtschaftlich in vielen Gegenden stark gefördert. So wurden große Laub- und Mischwaldgebiete in reine Fichtenforste umgewandelt. Hier im Gebiet um Goldegg kam der Fichte seit ihrer Einwanderung vor rund 9000 Jahren, bedingt durch die inneralpine Lage, immer große Bedeutung zu – besonders in den Höhenlagen. Auch hier griff der Mensch in das natürliche Waldgefüge ein – sehr zum Vorteil der Fichte. An ihr lässt sich auch gut zeigen, durch welche Faktoren der Wechsel der Waldperioden im Laufe der Vegetationsgeschichte vorwiegend gesteuert wurde: Konkurrenzverhalten der Baumarten, Wandergeschwindigkeit (abhängig vom Blühalter und der Samen- bzw. Fruchtverbreitung) und Distanz zu den eiszeitlichen Refugien. Das nächstgelegene eiszeitliche Refugium der Fichte lag am Alpenostrand und daher konnte sich die Fichte in den Ostalpen schon früh ausbreiten. Der zeitliche Ablauf der Einwanderung von Osten nach Westen ist durch Datierungen gut belegt und es fällt auf, dass der Zeitraum zwischen Einwanderung und Massenausbreitung nach Westen hin deutlich zunimmt. So erreichte die Fichte z. B. die Gegend um Bad Mitterndorf (Steiermark) schon sehr früh und wurde dort sofort zur dominierenden Baumart, während sie in Tirol nicht nur später einwanderte, sondern dort auch die Gebietsgewinne deutlich langsamer erfolgten. In der Steiermark traf die Fichte auf konkurrenzschwache Kiefern-Birkenwälder, hingegen in Tirol auf Eichenmischwald, der Tal- und mittlere Höhenlagen beherrschte. Sie konnte daher von Beginn an nur die mit Kiefern besetzten Höhenlagen besiedeln. In den Westalpen waren die »Fichtenstandorte« schon früh von der aus dem Süden kommenden Tanne besetzt. Hier konnte sich die Fichte erst sehr viel später, teilweise erst durch das Eingreifen des Menschen, etablieren.

Abb. 98. Einzeln stehende Fichte oberhalb der Hackeralm (links) und der Mittersteinalm. Im Hintergrund die Hohen Tauern.

Gebiet um Goldegg war stets geringer als in dem stärker ozeanisch geprägtem Klima des nördlichen Alpenrandes. In vielen Pollendiagrammen zeigt sich, dass zwischen Einwanderung und Massenausbreitung der Buche oft ein sehr langer Zeitraum lag. Erst eine Phase feuchteren Klimas, die für diese Zeit nachgewiesen werden konnte, verhalf der Buche zum Durchbruch und ließ sie weiter in die Alpentäler vordringen.

Mit der Ausbreitung von Buche und Tanne gehen auch die Standorte für die lichtliebende Hasel verloren, der Eichenmischwald wird zurückgedrängt und auch die Fichte wird stärker in die Höhenlagen abgedrängt, obwohl sie die beherrschende Baumart bleibt.

Diagrammabschnitt 8. In diesem Abschnitt spiegelt sich nun deutlich menschliches Wirken wider. Wiesen- und Weidezeiger sowie Ruderalpflanzen (im abgebildeten Diagrammausschnitt nicht zu sehen) traten verstärkt auf. Rodungstätigkeit wird durch die Abnahme der Baumpollenkurven und verstärktes Auftretens des Adlerfarns angezeigt. Zudem bekam die Hasel wieder mehr offene Standorte und ab ca. 3000 Jahren vor heute zeigt sich eine geschlossene Getreidekurve.

Abb. 99. Landschaftsprägend für die Gegend hier ist ein Mosaik aus Wald und landwirtschaftlich genutzten Wiesen.

Weiterer Wegverlauf und Beobachtungen am Weg

Vom Parkplatz der Almstraße folgend (Abkürzungen über die Wiesen) erreicht man die Hackeralm bzw. die unmittelbar daneben liegende Mittersteinalm und wendet sich nun nach links, um den Weg Nr. 58 (Dientner Tal) zu folgen. Dieser führt nun zunächst über Wiesen und es zeigt sich, wie auch schon beim Aufstieg zur Hackeralm, dass hier Vieh- und Waldwirtschaft die bestimmenden Wirtschaftsformen sind (Abb. 99).

Wie in weiten Bereichen der Alpen wurden auch hier, durch die starke Förderung der Fichte, die Mischwälder in Fichtenforste umgestaltet. An Standorten, die sehr steil und für die Holzbringung ungünstig sind, ist der Laubholzanteil deutlich höher – wie es der natürlichen Situation eigentlich entsprechen würde. Gut zu beobachten ist das am Gegenhang – vom Wegabschnitt aus zwischen Mittersteinalm und dem nächsten Waldstück (Abb. 100).

Nach kurzer Wanderung mit hübschen Tiefblicken ins Dientner Tal trifft man beim Schild Ballehen (mit Wegweiser: Gamskögerl) auf einen Fahrweg, den man nun aufwärts bis zum Ballehenkaser in 1261 Metern Höhe folgt. Der Weg führt über freie Almwiesen mit schönen, einzeln stehenden Laubbäumen, die an den einstigen Mischwald erinnern – darunter schöne Exemplare von Bergahorn und auch eine prächtige Buche.

Ab dem Ballehenkaser ist der Weg zum Gamskögerl gut beschildert. Zunächst führt der markierte Steig im Wald steil aufwärts. Die gute Wasserzügigkeit des Geländes zeigt sich im moos- und farnreichen Unterwuchs, hier mit viel Rippenfarn, aber auch dem weniger häufigen Schlangen-Bärlapp. Wie an vielen Stellen in dieser Gegend trifft man im Mai und Juni immer wieder auf zahlreiche blühende Knabenkräuter.

Beim Queren einer Aufforstungsfläche fallen kleine Tannen zwischen den Fichten auf. Tannen wären hier von Natur aus Teil des Waldgefüges, wurden aber wegen der schlechteren Holzqualität lange Zeit bei Pflanzungen nicht berücksichtigt. Die Probleme mit reinen Fichtenmonokulturen haben in den letzten Jahrzehnten zu einem Umdenken geführt und so zeigen jüngere Aufforstungen wieder eine größere Artenvielfalt. Die Tanne als Tiefwurzler verleiht dem Wald mehr Stabilität.

Nach rund 25 Minuten ist die Forststraße wieder erreicht und man folgt dieser nun etwa eine halbe Stunde durch den Schindleggwald bis zur Roßbachalm. Ab hier führt ein Steig (Nr. 447) zum Gipfel. Zunächst geht es am Waldrand steil aufwärts, doch dann über freies Almgelände mit besonders in Gipfelnähe blumenreichen Almwiesen.

Am Gipfel des Gamskögerls eröffnet sich eine prächtige Aussicht auf den Hochkönig,

Abb. 100. Entlang der Felsabbrüche im steilen Gelände wächst Mischwald, während sonst Fichtenforste vorherrschen.

Abb. 101. Roßbachalm mit aufkommendem Jungwuchs von Fichten. Der Wald würde sich ohne Weide oder Mahd seinen Platz wieder zurückerobern.

den Wilden Kaiser, die Hohen und Niederen Tauern bis auf den Dachstein (Abb. 102).

Sosehr diese Gegend hier den Eindruck »unberührter Natur« vermittelt, darf nicht übersehen werden, dass wir uns in alter Kulturlandschaft befinden. Die zahlreichen Almen sind Zeugen menschlicher Tätigkeit und bestimmen heute in vielen Regionen der Alpen das Bild der Landschaft. Ohne das Wirken des Menschen wäre Mitteleuropa bis in die subalpine Stufe hinauf nahezu reines Waldland und abgesehen von den alpinen Regionen wären nur wenige Stellen wald-frei. Auch hier ist auf den Wiesen an vielen Stellen aufkommender Fichtenjungwuchs zu beobachten, der die Regeneration des Waldes ankündigt, sofern dies nicht durch Beweidung oder Mahd verhindert wird.

Der Abstieg folgt dem gleichen Weg bis zur Roßbachalm, wendet sich dort aber nach links in Richtung Meislsteinalm/Hirtenkapelle. Vorbei an der Schrempfalm durchquert man den Wenger Wald, bis der Weg in Rich-tung Hirtenkapelle abzweigt. Selbst hier in

Durch archäologische Funde ist im Pongau Siedlungstätigkeit schon seit der Jüngeren Steinzeit belegt. Das Salzachtal war nicht nur ein wichtiger prähistorischer Verkehrsweg – die Über-schreitung der Kalser Tauern ist für diese Zeit nachgewiesen, sondern auch ein bedeutender Siedlungsraum. Während der Bronzezeit erfuhr der Pongau durch seine Kupfervorkommen einen wirtschaftlichen und kulturellen Aufschwung und dadurch auch einen raschen Bevöl-kerungszuwachs. Eine frühbronzezeitliche Siedlung ist für den Klingelberg bei St. Veit (6 km östlich von Goldegg) nachgewiesen und in Goldegg selbst reichen Siedlungsspuren bis in die späte Bronzezeit zurück. Auch wenn der Kupferbergbau in der Hallstattzeit an Bedeutung verlor und die Bevölkerung etwas zurückging, blieb das Gebiet um Goldegg besiedelt und gewann ab der Römerzeit wieder an Bedeutung. Durch Ackerbau und vor allem Viehzucht veränderten die damaligen Siedler zunehmend ihre Umwelt.

Die Landwirtschaft war extensiv und daher die benötigten Flächen relativ groß. Futtervorräte für die Überwinterung des Viehs wurden durch Schneiteln gewonnen. Dazu wurden große Äste von Bäumen und Sträuchern – häufig von Ulmen und Eschen – abgehackt und getrock-net. Dadurch wurden die Bäume mit der Zeit stark geschädigt. Für die Sommerweide wurden jedoch die waldfreien oder weniger dicht bewaldeten Hochlagen benutzt, diese Flächen aber dann durch Rodung stark erweitert und so allmählich unsere Almen geschaffen. Diese Eingriffe des Menschen in die Natur zeigen sich auch im Pollendiagramm – siehe Abb. 5, Diagramm-abschnitte 7 und 8.

Abb. 102. Blick vom Gamskögerl zum Hochkönig. Von Norden her erreicht der mit Lärchen durchsetzte Fichtenwald den Gipfel. Das Gipfelplateau und die südschauenden Hänge sind Almwiesen.

diesem recht eintönigen Fichtenforst stößt man gelegentlich auf Buchen – Zeugen der hier eigentlich bodenständigen montanen Buchen-Tannen-Fichtenwälder.

Der kurze Umweg (ca. 20 Minuten und 70 Höhenmeter) über die Hirtenkapelle ist außerordentlich lohnend, denn dieser Platz auf der Hochfläche des Meislsteins übt einen ganz besonderen Zauber aus und bietet zudem wiederum eine herrliche Aussicht auf den Hochkönig (Abb. 104).

Beim Abstieg folgt man zunächst dem Wegweiser in Richtung Böndlsee und dann dem Schild in Richtung Meislsteinalm. Von dort führt die Almstraße zurück zum Ausgangspunkt.

Abb. 103. *Gut entwickelte Buche im Wenger Wald. Von Natur aus wären Buchen und Tannen hier dem Fichtenwald beigemischt.*

Abb. 104. *Hirtenkapelle am Meislstein mit Blick zum Hochkönig. Die Lärchengruppe links im Bild erinnert an eine alte Form der Almwirtschaft. Lärchen wurden häufig wegen ihres wertvollen Holzes bei der Rodung des Waldes geschont und so entstanden die in den Alpen für viele Gegenden typischen Lärchenwiesen.*

Erklärung einiger Fachbegriffe

Pollenanalyse. Pollenkörner (Blütenstaub) werden Jahr für Jahr in großer Menge freigesetzt und können dank ihrer morphologischen Vielfältigkeit unterschieden und verschiedenen Pflanzen zugeordnet werden. Sofern sie unter Luftabschluss gelagert sind, wie z. B. in Moor oder Seeablagerungen, bleiben sie unbegrenzt erhalten. Entnimmt man nun einem Bohrkern in regelmäßigen Abständen Proben und bestimmt mikroskopisch deren Pollengehalt, so sind Rückschlüsse auf die jeweilige Vegetationszusammensetzung möglich. Die Ergebnisse dieser Analysen werden in Pollendiagrammen dargestellt.

Mit der **^{14}C-Datierung** (Radiokarbonmethode) kann das Alter kohlenstoffhaltiger Materialien (z. B. Holz, Pflanzenreste) bestimmt werden. Altersangaben werden mit BP (»Before Present«; Jahre vor heute) gekennzeichnet und beziehen sich einheitlich auf das »Nulljahr« 1950.

Quartär. Eiszeitalter. Beginn je nach Autor vor etwa 2,5 bis 2 Millionen Jahren.

Tertiär. Geologischer Zeitabschnitt vor dem Quartär. Wichtigster Zeitraum für die Entwicklung unserer heutigen Flora und Fauna.

Literatur

LANG, G. (1994): Quartäre Vegetationsgeschichte Europas. – 462 S.; Jena, Stuttgart, New York (Gustav Fischer).

REISIGL, H. & R. KELLER (1994): Alpenpflanzen im Lebensraum. – 148 S.; Jena, Stuttgart, New York (Gustav Fischer).

SCHANTL-HEUBERGER, H. 1994. Pollenanalytische Untersuchungen zur spät- und postglazialen Geschichte der Vegetation im Saalach- und Salzachtal (Salzburg/Austria). – Ber. nat.-med. Verein Innsbruck, Band 81: 61–84.

»Rain am Wasser«

CAROLA MARIE SCHMIDT

Wagrain, ein Ort auf rund 840 Metern Seehöhe, ist mit seinen umliegenden Bergen ein Wanderparadies. Beschaulich kann man durch das Herz des Ortes wandern und Neuem wie Altem nachspüren.

Wagrain erreicht man entweder mit dem Bus von St. Johann bzw. Altenmarkt oder mit dem Auto über die A 10, Abfahrt Flachau, weiter auf der B 163 Richtung Wagrain. Das Auto parkt man am besten am Parkplatz Kirchboden. Vom Parkplatz aus beginnt der Spaziergang in Richtung Wasserwelt. Die Runde kann an jedem beliebigen Punkt (Nr. 1–22) begonnen werden. Die Punkte sind durch fensterförmige Tafeln markiert. Entlang der Strecke gibt es Einkehrmöglichkeiten.

Kleine Runde: 30 Minuten, 1 km, 30 Höhenmeter (Nr 1–11). Anforderung: leicht.

Große Runde: 90 Minuten, 2,1 km, 60 Höhenmeter (Nr. 1–22). Anforderung: leicht, aber mit einem kurzen steilen Anstieg.

Informationen: www.wagrain-kleinarl.at; www.blauesfenster.at

Mitten im Pongau, zwischen dem Ostalpenhauptkamm und dem Kalkstock des Tennengebirges am Rande der Grauwackenzone befindet sich Wagrain. Der Ort wurde erstmals 1234 erwähnt und bereits 1285 in den Quellen als Markt bezeichnet. Der Name ist vermutlich die Zusammensetzung von zwei mittelhochdeutschen Wörtern: »Wag«, was so viel wie

Abb. 106. *Vereinfachter Plan von Wagrain mit der Lage der Stationen: 1, Waggerl-Kasten; 2, Pfarrhof Wagrain; 3, Freilichtausstellung; 4, Grab von K. H. WAGGERL; 5, Grab von Prof. ERWIN EXNER; 6, Grab von JOSEPH MOHR; 7, Pfarrkirche; 8, Seccomalerei; 9, Kirchenlinde; 10, Joseph-Mohr-Schule und K.-H.-Waggerl-Schule; 11, »Waggerl Haus«; 12, Waggerl-Wiese; 13, Kräutergarten; 14, Pflegerschlössl; 15, Marktkirche; 16, Marktlinde; 17, Gemeindewappen; 18, Kriegerdenkmal; 19, Burg Wagrain; 20, Hutschen für Wagrain; 21, Virtuelle Madonna; 22, Sgraffito.*

◁ **Abb. 105.** *Brunnenwasser im Kräutergarten von Wagrain (Station ⑬).*

Abb. 107. *Waggerl-Kasten* (①).

»Wasser« bedeutet, und »Rain«, was »Abhang« oder »Böschung« bedeutet. Nicht nur im Namen ist das Element Wasser zu finden, der Ort ist durchzogen und umgeben von kleinen, halb versteckten Bächen. Im Ortsteil Schweighof findet sich die Wasserscheide zwischen Enns und Salzach.

Wir gehen nun am modernen Schwimmbad der Wasserwelt vorbei und erblicken das erste Kulturgut entlang der Strecke, den »Waggerl-Kasten« (①). Dabei handelt es sich um einen zweigeschossigen Getreidespeicher aus dem Jahr 1726. Solche Getreidespeicher waren früher wichtige Bestandteile eines Pongauer Hofensembles. Das kostbare Gut wurde meist etwas abseits des Hofes in kleinen Gebäuden gelagert. Die Methode des Stiegenbaus mit Holzbalken und die noch erhaltenen Reste der Farbfassung verdeutlichen den Stellenwert des kleinen Gebäudes. Der alte »Kasten« befand sich bis zum Straßenbau in unmittelbarer Nähe zu WAGGERLS Garten und wurde hier wieder errichtet. Der »Kasten« war auf Wunsch von KARL HEINRICH WAGGERL wohnlich ausgestattet und sollte jungen Schriftstellerinnen und Schriftstellern, die in Wagrain arbeiten wollten, eine Unterkunft bieten – es traute sich, wenig verwunderlich, nie jemand beim großen Literaten zu fragen, ob er/sie einziehen darf.

Weiter geradeaus befindet sich der Pfarrhof von Wagrain (②). Bei diesem Gebäudeensemble handelt es sich um einen typisch Pongauer Paarhof, bei dem Wohnhaus und Wirtschaftsgebäude getrennt sind. Das Pfarrfeld dahinter veranschaulicht, dass sich die Seelsorger über Jahrhunderte selbst versorgen mussten. Im Pfarrhof, der in der zweiten Hälfte des 18. Jahrhunderts erbaut wurde, lebte unter anderem JOSEPH MOHR, der Dichter des bekannten Weihnachtslieds »Stille Nacht, Heilige Nacht«.

JOSEPH MOHR (1792–1848) war von 1837–1848 in Wagrain als Vikar tätig, und dabei besonders den sozial Schwächeren verbunden. Die Freilichtausstellung (③), die sein Leben und vor allem sein Wirken in Wagrain thematisiert, befindet sich beim Eingang zum Friedhof. Der Friedhof, der bereits 1400 dokumentiert ist, ist u. a. die letzte Ruhestätte für KARL HEINRICH WAGGERL (④), der am 4. 11. 1973 an den Folgen eines Autounfalls verstarb. Im Grab daneben wurde sein Freund und Weggefährte Prof. ERWIN EXNER (⑤) (1915–1995) begraben. (Dessen Leben wird unter Punkt ㉒ beschrieben). Das Grab von JOSEPH MOHR (⑥) befindet sich beim Haupteingang der Kirche. Das Grab war gegen Ende des 19. Jahrhunderts für kurze Zeit aufgelassen worden, wurde aber unter dem Einfluss des immer größeren Bekanntheitsgrads des Weihnachtsliedes wieder lokalisiert und neu gestaltet. Eine bizarre Geschichte ist, dass 1912 der Schädel von JOSEPH MOHR ausgegraben wurde, um als Kopfmodell für die Figurengruppe in Oberndorf zu dienen. Ob der Kopf wieder ins Grab gelegt wurde oder ob er in Oberndorf in der Stille-Nacht-Kapelle eingemauert wurde, lassen die schriftlichen Quellen offen.

Die Pfarrkirche von Wagrain (⑦) ist den Heiligen Pankratius und Rupert geweiht. Die ältesten Spuren für einen Kirchenbau sind in die vorromanische Zeit zurückdatiert. Nach einem romanischen Bau, der bereits einen Turm hatte, kam es zu Erweiterungsbauten in der Gotik (1486) und im Barock (1711). In den 1890er-Jahren kam es zur Regotisierung der Kirche. Die letzte Erweiterung fand 1997/1998 im Norden der Kirche statt.

Den neugotischen Hochaltar hat PAUL KRONTHALER aus Erl in Tirol 1896 geschaffen. Die

Abb. 108. *Freilichtausstellung (3).*

oberste Figurenzone zeigt den thronenden Gottvater, den hl. Petrus und den hl. Paulus. Im Zentrum des Altars steht Maria mit dem Jesuskind, die sog. Wagrainer Madonna (~ 1360). Der Strahlenkranz ist genauso wie das Zepter in ihrer Linken eine spätere Ergänzung. Neben der Madonna befinden sich der hl. Rupert und der hl. Virgil. Die beiden Heiligen sind durch ihre Attribute gut zu erkennen. (Rupert: Salzfass; Virgil: Dommodell). Die zwei Heiligen stammen aus dem spätbarocken Hochaltar (1764) von Johann GEORG ITZLFELDNER (1705–1790). Weitere Figuren von ITZLFELDNER sind auf Konsolen im Chorraum aufgestellt: die Heiligen Anna, Joachim, Georg (Drache), Florian (Wasserkübel), Martin (Gans) und Leonhard (Kette). In der untersten Zone des Altars sind der Tabernakel sowie Figuren der Kirchenlehrer (die Heiligen Gregorius, Augustinus, Ambrosius und Hieronymus) in Nischen. Vor dem Volksaltar liegt das Epitaph mit Reliefwappen für HANNS VON PAAR »Herr und Gewerke in alten Pergkwerk hie zu Wagrain« (1540), welches wie der Kirchenboden aus Adneter Marmor ist.

Der Innenraum ist im Westen (Eingangsbereich) in den älteren Bauteilen durch einen Mittelrundpfeiler, von welchem die Rippen sternförmig ausstrahlen, geprägt. Auf dem Mittelpfeiler findet sich das von JAKOB ADLHART (1898–1985) geschaffene Krippenrelief. Die Orgelempore wurde im 19. Jh. eingebaut, auf ihr steht die Joseph-Mohr-Gedächtnisorgel. Das Bruderschaftsbild mit der Heiligen Familie von JAKOB ZANUSI (1679–1742) ist über dem Taufbecken zu sehen.

Die Außenseite des Chores zeigt als Seccomalerei (8) von ERNST HUBER (1895–1960) die Landschaft von Wagrain. ERNST HUBER, der zum Kreis der Zinkenbacher Malerkolonie gezählt wird, lebte 10 Jahre in Wagrain. Das Werk entstand Anfang der 1950er-Jahre. Die 1570 in den Quellen erwähnte Kirchenlinde (9) musste 2008 gefällt werden; kurz darauf wurde ein neuer Baum gepflanzt.

Wir verlassen das Friedhofsareal in Richtung Joseph-Mohr-Schule (10). Das Schulwesen in Wagrain wurde maßgeblich durch Vikar MOHR beeinflusst, der 1838 einen Volksschulbau veranlasste. Gleich anschließend steht die Hauptschule von Wagrain, die nach dem ehemaligen Lehrer K. H. WAGGERL benannt ist und ein Sgraffito zeigt (siehe (22)).

Abb. 109. *Pfarrkirche (⑦).*

Die leicht abfallende Straße führt uns nun zum »Waggerl Haus« (11). Das Gebäude selbst wurde erstmals 1776 als »Aignerhaus« urkundlich erwähnt. In den 1920er-Jahren bewohnte das Ehepaar WAGGERL zwei Dachkammern im Haus. Im Laufe der Zeit mietete das Ehepaar immer mehr Räumlichkeiten an und erwarb das Haus schließlich 1955, je zur Hälfte. Der Schriftsteller KARL HEINRICH WAGGERL lebte bis zu seinem Tod 1973 in diesem Haus, in dem auch die meisten seiner Werke entstanden sind. WAGGERL gehört zu den wichtigsten österreichischen Schriftstellern des 20. Jahrhunderts. Als erster Schriftsteller erhielt er 1934 den neu geschaffenen »Österreichischen Staatspreis für Literatur«. Sein dichterisches Werk ist eng mit der Beschreibung seiner Heimat und mit Wagrain verbunden. Während der Ausbildung als Lehrer meldete er sich 1916 freiwillig an die Front. Nach der Heimkehr aus der Kriegsgefangenschaft heiratete er 1920 EDITH PITTER und trat im gleichen Jahr eine Lehrerstelle in Wagrain an. Bereits im Jahr 1923 wurde er aufgrund seines

Abb. 110. *Hl. Rupert von JOHANN GEORG ITZL-FELDNER, 1764.*

Abb. 111. *»Waggerl Haus« (11).*

Abb. 112. WAGGERL *als Buchbinder, um 1925.*

kriegsbedingten Lungenleidens in den Ruhestand versetzt, wodurch seine Existenzgrundlage verloren ging. Wohl auch aus der Not heraus übte er sich in verschiedenen künstlerischen und kunsthandwerklichen Techniken und schrieb seine ersten Geschichten. Mit seinem Debütroman »Brot« gelang ihm 1930 der Durchbruch. Mit diesem und seinen weiteren in den 1930-Jahren entstanden Romanen fand er auch in der NS-Zeit anklang und ließ sich durchaus instrumentalisieren. Im 1994 gegründeten Museum werden neben seinem literarischen Werk, mit über 7 Millionen verkauften Büchern in 12 Sprachen, auch sein Leben und sein kunsthandwerkliches Schaffen gezeigt. Die Sammlung umfasst gut 20 000 Objekte, wozu auch eine Volkskunst-Sammlung gehört, die WAGGERL selber angelegt hat.

Beim Museum kann man entscheiden, ob man zum Parkplatz zurückkehrt (kleine Runde) oder die große Runde auf der Rückseite des Museums mit der Waggerl-Wiese (12) fortsetzt, wofür man wieder bergauf geht. Die grüne Oase, die einst im Eigentum des Autors stand, war für ihn Erholungsort und Inspirationsquelle. Sportliche gehen von hier über den Knappensteig ca. 15 Minuten zum Kräutergarten, ansonsten führt die Straße direkt hinter dem Museum zum Kräutergarten.

Der Kräutergarten (13) besteht aus einer Kräuterspirale mit Küchenkräutern und einem Kräuterstern mit Heilkräutern. Im »Sinnesgarten« lassen sich unterschiedliche Pflanzen mit verschiedensten Formen, Farben, Gerüchen und Oberflächen entdecken. Darüber hinaus bietet das Areal am Schweighofbach Gelegenheit zum Kneippen. Die Grünfläche gehört zum ~1794 erbauten fürsterzbischöflichen Pflegerschlössl (14). Aus dieser Zeit haben sich u. a. der Stuck und die barocken Dachkammern erhalten. Das Gebäude wird derzeit renoviert und wird ab 2017 museal genutzt.

Über die Museumsgasse geht es bachabwärts zur Marktkirche (15) mit ihrem Heiliger-Franz-von-Assisi-Altar. Historische Quellen berichten, dass die Kirche ab 1616 zu Ehren des hl. Karl Borromäus im Zuge der Gegenreformation errichtet wurde. Im Pongau schlossen sich immer mehr Leute dem lutherischen Glauben an, auch viele Wagrainer. Sie blieben ihrem Glauben treu und so kam es in den Jahren 1731/32 unter Fürsterzbischof FIRMIAN (1679–1744) zur Ausweisung der Protestanten – 80 % der Wagrainer mussten damals ihre Heimat verlassen.

Der Kirchenbau, der aus einem ungegliederten tonnengewölbten Langhaus mit eingezogenem Rundchor besteht, wurde von Fürsterzbischof MARKUS SITTIKUS (1574–1619) in Auftrag gegeben. Für die Planung und Bauaufsicht war der aus der Region des Comer Sees stammende Salzburger Dombaumeister SANTINO SOLARI (1576–1646) verantwortlich. So zeigt die Fassade der Marktkirche das Wappen des Fürsterzbischofs MARKUS SITTIKUS zwischen den Armen eines gesprengten Segmentgiebels, die in Voluten enden, ähnlich wie im Dom zu Salzburg. Aus zeitgenössischen Quellen wissen wir auch, dass

Abb. 113. *Kräutergarten* (13).

SOLARI einmal in den Weihnachtstagen persönlich in Wagrain anwesend war, da sich der Radstädter Meister GEORG SPALT nicht an die ihm aufgetragenen Vorgaben hielt. Die Lage der Kirche direkt an der Straße ist unter anderem darauf zurückzuführen, dass es üblich war, vor bzw. nach einer Anhöhe zu beten, vor allem entlang von Handelswegen. Der Innenraum wurde beim Marktbrand 1927 zerstört. Die Quellen berichten weiters, dass die Kirche im Juli 1619 stuckiert wurde und im Jahr davor ein Altar vom Dürrnberg aufgestellt wurde. Die Deckenbemalung mit Wappen, Fruchtgirlanden, musizierenden Engeln und Frauen, den Heiligen Sebastian und Rochus, den Erzengeln Michael und Raphael sowie im Triumphbogen Christus am Kreuz mit Maria und Johannes wurde um 1658 durch den Künstler LUDWIG LINDNER geschaffen. In den 1650er-Jahren hat die Kirche auch ihre Ausstattung erhalten, dabei handelte es sich um Sitzbänke aus dem alten Salzburger Dom. Die Kirche, die 2016/17 renoviert wird, dient als Aufbahrungshalle – eine Besichtigung ist somit nicht immer möglich.

Abb. 114. *Marktkirche* (15).

107

Abb. 115. *Marktbrand, 1927.*

Nun biegen wir links ab und gelangen zur Marktlinde (urspr. Kaiserlinde; ⑯) welche im Jahr 1880 anlässlich des 50. Geburtstages von Kaiser FRANZ JOSEPH (1830–1916) gepflanzt wurde. Die Winterlinde (*Tilia cordata*) dominiert den Marktplatz, der nach dem Brand von 1927 zur Gänze wiederaufgebaut wurde, hat einen Stammdurchmesser von rund einem Meter und ist über 20 Meter hoch. Seit 1926 findet nach einer Idee von K. H. WAGGERL, mit Unterbrechungen, das Lindenfest statt.

An der Gemeinde befindet sich eine Abbildung des Gemeindewappens (⑰), das 1930 durch Landeshauptmann Dr. FRANZ REHRL (1890–1947) verliehen wurde. Es erinnert an die Herren VON GOLDEGG, die in Rot eine goldene Spitze als Wappen führten und als Begründer von Wagrain und der Burg, welche durch den Turm dargestellt wird, gelten.

Wir folgen nun bergauf dem Fußweg auf den Kirchboden (zwischen Wagrainerhof und Restaurant Hubertus). Interessierte biegen links auf die geschotterte Sackgasse auf den Burghügel (⑲-㉑) ab, die anderen gehen geradeaus weiter zum Kriegerdenkmal (⑱).

Die Burg Wagrain (⑲), zu deren Entstehung es keine Quellen gibt, war Besitz der Herren VON GOLDEGG und wurde 1322/32 durch die Truppen von Erzbischof FRIEDRICH III. VON LEIBNIZ († 1338) zerstört. Dies geschah, weil WULFING VON GOLDEGG im deutschen Thronstreit von 1322 König LUDWIG DEN BAYERN unterstützte, während sein Lehnsherr Erzbischof FRIEDRICH III. auf der Seite des Habsburgers FRIEDRICH DES SCHÖNEN stand. Der umlaufende Mauerring fasst eine Fläche von ca. 5000 Quadratmetern. Die Funktion des Bergfriedes erfüllte ein freistehender Rundturm, in Salzburg bislang eine einzigartige Erscheinung. Die unmittelbar daneben gelegene Zisterne war nur kurz in Verwendung. Im Nordwesten finden sich Reste des mehrräumigen Palas. Zu den Fundstücken gehören auch Münzen aus den Prägstätten

Enns, Salzburg und München – was auf weit-reichende Handelsverbindungen hinweist.

Am Burgplateau befinden sich auch die »Hutschen für Wagrain« (20), die nicht nur eine Aussicht über die Mauerreste ermöglichen, sondern mit ihrer erwachsenengerechten Bauart die Benützerin/den Benützer zurück zur Spaß-Quelle der Kindheit führen.

338 Jahre lang besaß Wagrain ein Wappen, das eine Madonna mit Kind zeigte. Die »Virtuelle Madonna von Wagrain« (21) veranschaulicht dieses mittels Stereoskopiefotografie auf einem »Viewer« hinter dem Mauerring.

Wieder herunten vom Burghügel geht der Weg nun gerade weiter zum Kriegerdenkmal (18). Das Kriegerdenkmal, welches 1947 errichtet wurde, zeigt die Namen der Gefallenen der beiden Weltkriege. Vor allem der Erste Weltkrieg führte in Wagrain zu großen sozialen Umbrüchen. So wurden die ersten Frauen bei der Feuerwehr aufgenommen, aber auch die erste Stromleitung (1916) gebaut.

Abb. 116. Burg Wagrain/Hutschen für Wagrain (19).

Dem Weg bergauf folgen wir der Beschilderung zurück zum Parkplatz. Am Weg sehen wir wieder einige Sgraffitis, u. a. am Hotel Sonne (22); eines haben wir bereits an der Hauptschule von Wagrain (10) gesehen. Sie sind Beispiele für die über 300 Sgraffitis von ERWIN EXNER, der ab 1935 die Meisterklassen der Professoren BOECKL, FAHRINGER und MATIN an der Akademie der bildenden Künste WIEN besuchte und sich nach dem Zweiten Weltkrieg als freischaffender Künstler in Wagrain niederließ. Von der Bleistiftzeichnung bis zum Kupferstich über Aquarelle und Ölmalereien bis hin zum Sgraffito spiegelt das künstlerische Oeuvre seine technische Vielseitigkeit wider. Seine Stärke lag im Sehen von Augenblicken, die seine Hand blitzschnell festhält – Mensch, Maschine und Landschaft werden als Momentaufnahme mit Realitätsbezug gezeigt. Der Kunstmarkt führte dazu, dass EXNER immer mehr zum Blumen- und Ansichtenmaler wurde. Diese Ansichten von Wagrain fanden großen Anklang bei den Touristen, seine beeindruckenden Industriebilder und abstrakten Werke sind weit weniger bekannt.

»Ein geheimer Zauber muss wohl über diesem Dorf liegen. Leute von weither ließen plötzlich alles hinter sich und wurden hier sesshaft – nicht als heilige Einsiedler, versteht sich, sondern einfach, weil das Leben ein Geschäft ist, für das man sich Zeit lassen muss.« (K. H. WAGGERL im Text zum Wagrain-Film 1960, enthalten im Wagrainer Bilderbuch).

»Das Haus, in dem ich nun schon so lange lebe, dieses liebe Gemäuer steht auf einem Hügel. Es heißt das Kainhaus, ich hoffe zu Gott, dass es nicht die Heimstätte des Brudermörders war, alt genug könnte es sein, voller Gebrechen, von einer unverwüstlichen Hinfälligkeit.« (K. H. WAGGERL in »Lebenshaus, die Kunst des Müßiggangs«).

»Es gibt Naturschutzgebiete. Wagrain ist ein Menschenschutzgebiet.« (Werbeslogan von K. H. WAGGERL).

Abb. 117. *Kirche im Winter,* ERWIN EXNER, *1954.*

»Denn Gott liebt den Gärtner. Den Bauern ja auch und den Handwerker und was ihm sonst noch um die Füße stolpert, aber den Gärtner besonders.« (K. H. WAGGERL »Alles Wahre ist einfach«, 1979, S. 23).

»Man überschätzt gerne die moralische Kraft der Wortgläubigkeit. Gottes (Jehovas) Gesetze haben schon unzählige Morde allein verursacht, aber sicher noch keinen allein verhindert.« (K. H. WAGGERL, Aphorismen, Eigenverlag, 1924).

Literatur

ELLMER, MICHAEL (Hrsg., 1994): Ortschronik Wagrain, Band I & II. – Wagrain.

HAHNL, ADOLF, u. a. (2000): Die Pfarrkirche zum Hl. Rupert in Wagrain. – In: Christliche Kunststätten Österreichs Nr. 350; Salzburg.

HÖGLINGER, PETER (Red., 2010): Die Burg Wagrain. – In: Fundberichte aus Österreich: Materialhefte: Reihe A: Sonderheft 11, BDA (Hrsg.); Wien.

KULTURVEREIN »BLAUES FENSTER« (1994), Karl Heinrich Waggerl Haus – Museumsführer, Wagrain.

MÜLLER, KARL (1997): Karl Heinrich Waggerl. – Salzburg.

Hydrogeologische Wanderung zum Ursprung der Enns

Wie das Wasser zur Quelle kommt

Sylke Hilberg

Die Wanderung führt entlang der jungen Enns von Flachauwinkl hinauf ins Ennskar am Fuße der steil aufragenden Kalkmarmorwände von Ennskraxen, Kraxenkogel und Bernkarkogel. Der Startpunkt befindet sich direkt bei der Autobahnabfahrt von der A 10 Flachauwinkl. Park-möglichkeiten bestehen in begrenzter Zahl neben der Straße am Beginn der Enns-Forststraße beim Gasthof Walchau oder am großen Parkplatz unter der Autobahn. Leider ist die Anreise mit öffentlichen Verkehrsmitteln hier kaum eine Option, dauert doch die Fahrt von Salzburg per Bahn und Postbus gute zwei Stunden und man startet dann die Wanderung frühestens zu Mittag.

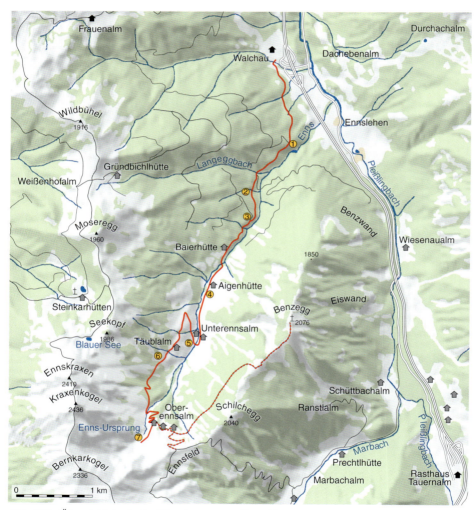

Abb. 119. *Übersichtskarte der Wanderung zum Enns-Ursprung.*

◁ **Abb. 118.** *Blick vom Ennsfeld zurück auf das mittlere Drittel unserer Wanderung zum Enns-Ursprung. Blickrichtung nach Norden auf den Almboden der Unteren Ennsalm.*

112

Die einfache Wegstrecke vom Parkplatz zum Ennskar dauert gute 2,5 Stunden (7 km, 700 Höhenmeter). Für die erweiterte Variante zum Benzegg sind weitere knapp 1,5 Stunden einzuplanen (weitere 3 km, 350 Höhenmeter). Mit dem Rückweg dauert die Wanderung 4,5 bis 5 Stunden (bei Variante Benzegg 6 bis 7 Stunden).

Ein großer Teil der Strecke verläuft über eine Forststraße, die vor allem im unteren Teil gut befestigt, in den steileren Passagen sogar asphaltiert ist. Ab der Unteren Ennsalm wird der Weg schmaler und uriger. Im Frühsommer können im oberen Bereich noch Lawinenkegel den Weg versperren. Feste Bergschuhe sind jedenfalls empfehlenswert.

Einkehrmöglichkeiten bestehen in der Unteren Ennsalm (Mitte Juni bis Mitte Juli und im September) oder Oberen Ennsalm (Mitte Juli bis Anfang September).

Einführung

Diese Wanderung führt uns zum Ursprung eines der großen Flüsse Österreichs, der Enns. Während wir am Fluss – oder hier besser noch als Bachlauf zu bezeichnen – aufwärts ziehen und damit dem Weg zur Quelle folgen, wollen wir uns mit der Frage beschäftigen, wie eigentlich das Wasser zur Quelle kommt oder anders gesagt, was mit dem Wasser passiert, bevor es an der Quelle austritt und damit zum Ursprung des Flusses wird. Wir wollen am Weg nach oben beobachten, wie Wasser und Gestein zusammenhängen und welche Phänomene dabei beobachtet werden können. Die Wissenschaft, die diese Fragen untersucht, ist die Hydrogeologie.

Grundlage für alle Quellen ist natürlich der Regen. Ob dieser Regen im Berg versickert oder oberflächlich abfließt hängt davon ab, auf welches Gestein er trifft. Hat das Gestein ausreichend große Hohlräume, in die das Wasser rasch eindringen kann, so bildet sich aus dem Regen Grundwasser, das eine gewisse Zeit im Untergrund verbleibt und schließlich als Quelle zutage tritt. Ein Gestein mit vielen großen Hohlräumen, in denen Wasser zirkulieren kann, ist z. B. Kalkstein oder Kalkmarmor. Fehlen solche Hohlräume im Gestein, so kann Regenwasser nicht tief in den Berg eindringen, sondern bleibt an der Oberfläche oder sickert nur in die verwitterten, brüchigen oberflächennahen Bereiche des Gebirges ein. Es entstehen Feuchtgebiete und viele kleine Wasseraustritte aus dem Oberboden.

Bei unserer Wanderung werden wir auf zwei hydrogeologisch verschiedene Arten von Gesteinen treffen, d. h. sie verhalten sich in Bezug auf das Wasser ganz unterschiedlich. Wir wandern zunächst westlich des Enns-Baches in Schiefern und Phylliten der Tauernschieferhülle und beobachten typische hydrogeologische Erscheinungen für diese Umgebung. Die Schiefer sind durch eine Störungszone von den benachbarten Kalken und Kalkmarmoren getrennt. Die Nordnordost-Südsüdwest verlaufende Störungszone zwischen diesen beiden Einheiten entspricht im unteren Abschnitt dem Bachlauf der Enns. Der obere Abschnitt unserer Wanderung führt uns dann in die Kalke und Marmore, die dem Wasser sehr viel mehr Raum bieten. Auch das Wasser der Enns hat seinen Ursprung in diesen Kalkgesteinen.

Beschreibung

Vom Parkplatz aus wandern wir auf der im Talboden abgeschrankten Forststraße in mäßig steilem Anstieg nach Südsüdosten durch dichten Fichtenwald. Wir arbeiten uns am Westhang des hier eng und tief eingeschnittenen Ennstales hinauf und gehen dabei immer wieder an kleinen Bächlein und Quellaustritten aus sumpfigen Hängen vorbei.

Abb. 120. Der erste Haltepunkt ist erreicht, die Lichtung am westlichen Talhang lässt einen ersten Blick auf das Ennskar, den Bernkarkogel und den nördlich davon aufragenden Kraxenkogel zu.

Abb. 121. Die junge, aber doch schon bedrohliche Enns wird von großen Murenbrechern gebremst. Die großen Mengen an Sediment in den Speicherbecken werden aus dem gesamten Talkessel bei Starkniederschlägen antransportiert und hier zurückgehalten.

Nach gut 20 Minuten Wegstrecke erreichen wir den Haltepunkt ①. Hier öffnet sich der Blick erstmals nach Süden hin zum Talschluss, mit dem Ennskar, unserem heutigen Ziel und der dahinter aufragenden Wand des Bernkarkogels (2336 m, Abb. 120). Rechts im Bild der Kraxenkogel (2436 m). Gleichzeitig erhaschen wir durch einen Kahlschlag im Hang unter uns den ersten Blick auf die tief unter uns fließende Enns, die an dieser Stelle mit großen Murenbrechern verbaut ist. Die Enns, in Abbildung 121 als harmloser Gebirgsbach dahinplätschernd, kann von Zeit zu Zeit, wie die Bauwerke im Bachbett zeigen, zur Gefahr für die Siedlungen und Straßen im Tal werden. Bei Starkregenereignissen oder extremer Schneeschmelze im Frühjahr führt der Bach große Wassermengen, die schnell fließend auch große Transportkräfte freisetzen. Schotter und bis hausgroße Gesteinsblöcke können so aus dem oberhalb liegenden Talkessel in das tief einge-

Abb. 122. Quellen am Wegesrand zur Unteren Ennsalm, die entweder als Bachläufe der Enns zufließen (a), vorübergehend wieder versickern (b) oder gefasst werden und zur Trinkwasserversorgung dienen (c).

schnittene Bachbett und schließlich bis ins Tal transportiert werden und dabei große Schäden anrichten.

Von hier ab ist das Rauschen der Enns das prägende Geräusch und löst damit auf angenehme Weise die bis dahin deutlich hörbare Autobahn ab. Erst jetzt können wir wirklich in die Gebirgswelt des obersten Ennstales eintauchen. Wir wandern weiter entlang der nun deutlich flacher verlaufenden Forststraße und queren immer wieder kleine Bachläufe, die aus wenige Meter oberhalb des Weges austretenden Quellen gespeist werden.

Haltepunkt ② stellt eine dieser kleinen Quellen dar, die hier in einem Brunntrog gefasst ist. Sie bietet die Möglichkeit zu einer kurzen Abkühlung und Erfrischung. Quellen, wie sie in Abbildung 122 gezeigt werden, sind typisch für die hydrogeologische Ausprägung der Bündner Schiefer, die wir seit dem Start unserer Tour durchwandern.

Die Folge der charakteristischen hydrogeologischen Eigenschaften der Bündner Schiefer sind zahlreiche, aber kleine Quellaustritte, wie wir sie am Wegesrand zwischen unserem Ausgangspunkt und der Unteren Ennsalm finden. Häufig können diese kleinen Bachläufe in den verwitterten Gesteinen auch wieder versickern und mehrfach wieder austreten. Manche Quellen, die ausreichend viel Wasser und dies stabil und unabhängig von kurzfristigen Niederschlägen liefern, eignen sich auch zur Gewinnung von Trinkwasser. Sie werden gefasst und mit einem entsprechenden Schutzgebiet gegen Verunreinigungen versehen.

Etwas weiter taleinwärts kommen wir dem Bachbett schon etwas näher, da der Talboden ansteigt, die Forststraße aber nur mehr mit leichtem Gefälle bergauf geht. Am Haltepunkt ③ werfen wir wieder einen Blick zum Bach (Abb. 124) und sehen einen markanten Abriss. Hier macht der Bach eine leichte Kurve und strömt dabei direkt das Ost-Ufer an. An diesem so genannten Prallhang wird dadurch Gesteinsmaterial gelöst und vom Wasser abtransportiert.

Bündner Schiefer

Unter dem Begriff Bündner Schiefer werden tonig-kalkige Sedimente zusammengefasst, die metamorph überprägt und daher stark geschiefert und verfaltet sind. Sie sind Teil der Tauernschieferhülle, welche die Gneiskerne der Hohen Tauern umrahmt. Aufgrund ihrer Schieferung, der häufig engen Verfaltung sowie ihrer Feinkörnigkeit (Abb. 123) lassen sie Regenwasser nur dort eindringen, wo das Gestein stark zerklüftet und verwittert ist. Dies ist vor allem oberflächennah der Fall, sodass der Regen, der hier fällt, nicht tief ins Gebirge eindringen kann, sondern nach der Versickerung sehr lokal wieder an der Oberfläche austritt.

Abb. 123. Typische Ausprägung von Gesteinen der Tauernschieferhülle. Die Schieferungsflächen und Klüfte sind potenzielle Wege und Speicherräume für das Wasser. Da diese aber klein sind und meist auf die oberflächennahen Bereiche beschränkt bleiben, entwickeln sich nur kleinräumige Grundwasserkörper, mit den typischen, zahlreichen, aber eher kleinen Quellen.

Abb. 124. Hangrutsch am Ostufer des Ennsbaches. Durch das stetige Anprallen des Wassers auf das Ufer wird Material gelöst und vom Wasser abtransportiert. Der Hang verliert den stützenden Fuß, das stark aufgelockerte schiefrige Gesteinsmaterial stürzt ab und nimmt dabei auch den Baumbestand mit. Der Prozess wird erst gestoppt, wenn der Bach seinen Lauf ändert und das abgerutschte Material nicht mehr verfrachtet wird und so als Stütze für den oberhalb liegenden Hang dienen kann.

Der steile Hang, der von stark aufgelockerten Schiefern aufgebaut ist, verliert damit seinen Fuß, wird instabil und rutscht ab. Der Prozess geht weiter, bis das abgerutschte Material den Bach zum Umlenken zwingt und gleichzeitig den Hang gegen neuerliches Abrutschen stützt.

Wir erreichen nach diesem Blick auf den Ennsbach von oben sehr rasch die erste Brücke über die Enns. Hier befinden wir uns nun auf Bachniveau und wechseln an das Ostufer, an dem der Weg gemütlich ansteigend durch lichten Laubwald weitergeht. Nachdem wir zunächst noch zwischen recht steil aufragenden Hängen spazieren, öffnet sich nach einigen Minuten das Tal und wir erreichen unseren Haltepunkt ④, den Almboden der Unteren Ennsalm, auf dem wir einige interessante Phänomene beobachten können. Wir gehen zunächst an der Aigenhütte vorbei und kommen schließlich zur Unteren Ennsalm (von Mitte Juni bis Mitte Juli und im September bewirtschaftet), die nur wenig oberhalb einer markanten Murenrinne liegt.

Der große Murgang ergießt sich vom östlich gelegenen Benzegg (Abb. 126). Der markante, in weiten Bereichen bereits verwachsene Schwemmkegel zeigt, dass die Mure bereits in verschiedenste Richtungen wirksam war und bereits große Mengen an Schutt am Talrand abgelagert hat. Ein derartiger, mit grobem Schutt gefüllter Graben, ist eine typische Erscheinung in kalkigem Gebirge.

Verkarstung

Eine weitere typische Eigenschaft von Kalkgebirgen ist die Verkarstung, also die Bildung von Hohlräumen entlang bestehender Kluftflächen. Die Klüfte durchströmendes Wasser löst den Kalk und erweitert die Hohlräume. Wir werden am Ziel unserer Wanderung sehen, dass diese Eigenschaft Voraussetzung ist für die Entstehung der Ennsquelle, da nur über solche Lösungsstrukturen Regenwasser ins Gebirge eindringen kann. Einsetzende Verkarstung zeigt sich z. B. in Abbildung 125.

Abb. 125. Klüfte und Schieferungsflächen (im Bild sind einige rot markiert) in metamorph überprägtem Kalkgestein werden durch Lösungsprozesse mit Regenwasser aufgeweitet und ermöglichen so das Eindringen und Speichern von Niederschlägen, die dann als Quellen wieder an die Oberfläche kommen.

Abb. 126. Gipfel des Benzeggs (2076 m) mit markantem Erosionsbereich (gelb markiert). Blick ▷ nach Osten vom Güterweg oberhalb der Unteren Ennsalm. Die bei Starkregenereignissen im oberen Bereich abgelösten Gesteine fließen oder stürzen über die graue Rinne (rechts im Bild) in Richtung Enns ab. Der Schwemmkegel in der Bildmitte wurde bereits ebenfalls aus diesem Material gebildet, die Murenrinne ist demnach im Laufe der Zeit an verschiedenen Stellen verlaufen.
Abb. 127. Bachmäander im Bereich der Unteren Ennsalm, Blickrichtung nach Süden. Der schottrige Bereich im Zentrum des Bildes zeigt einen alten Bachlauf (gelb) und ausgeprägte Ablagerungen am ursrpünglichen Gleithang. Der Bach macht hier noch immer eine Kurve, allerdings ist diese wesentlich weniger stark ausgeprägt (rot). Am aktuellen Gleithang wird neuerlich Material abgelagert. Ein schönes Beispiel für die Dynamik eines mäandrierenden Baches. Im Hintergrund die Untere Ennsalm.

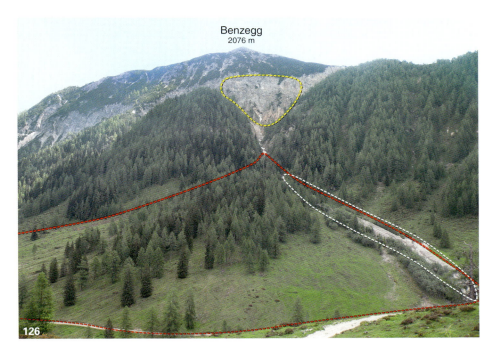

Benzegg
2076 m

Im Bachlauf selbst können wir nochmals die Dynamik eines Gebirgsbaches studieren (Abb. 127). Die Enns macht in diesem Bereich eine Linkskurve (in Fließrichtung betrachtet). Eine ca. 1 Meter hohe Geländekante etwa 20 Meter diesseits des aktuellen Ufers zeigt, dass der Bachlauf vor gar nicht langer Zeit deutlich weiter ausgeholt hat, die Kurve also viel markanter war. Ein Teil des Bachbettes wurde aber seither vom Durchfluss abgeschnitten. Zwischen altem und neuem Bachlauf ist eine baumbewachsene Insel erhalten geblieben.

Jenseits der Unteren Ennsalm wird der Weg schmaler und grober, ist aber noch immer als Güterweg ausgebaut. In der Wegkehre hinter der Alm überqueren wir wieder die Enns und wandern nun wieder am westlichen Hang aufwärts. Anders als auf dem unteren Wegabschnitt, den wir in schieferigen Gesteinen zurückgelegt haben, bewegen wir uns nun im Kalkgestein, in dem generell weniger Bachläufe und Quellaustritte auftreten. Die Bachläufe, die wir beobachten, sind dafür aber deutlich größer. Am Haltepunkt ⑤ kommen wir an einem kleinen, aber sehr markanten Bächlein vorbei, das aus einer Karstquelle oberhalb der Straße entspringt. Das Bachbett zeichnet sich durch seine auffallende Braunfärbung aus. Wenn man genauer hinschaut, sieht man versteinert wirkende Pflanzenteile, wie Äste oder Moos. Im Verlauf dieses Bächleins sind einige sehr schöne Versinterungen anzuschauen.

Dem Weg weiter aufwärts folgend, kommen wir zunächst an der Täublalm und einigen Stallungen vorbei. Wir wandern dabei durch morphologisch unruhiges Gelände, das uns auf flächige Hangbewegungen hinweist. Westlich vom Weg kommen wir schließlich an einer kleinen Feuchtwiese vorbei. Die Hangbewegungen haben hier zur Ausbildung von

Versinterung

Versinterung von Quellbereichen ist ein typisches Merkmal von Grundwasser, das ausreichend lange in einem kalkigen Gebirge zirkuliert hat, um daraus Kalk zu lösen. Generell können die Verweilzeiten von Grundwasser im Berg, also die Zeitspanne zwischen Niederschlag und

Austritt an einer Quelle, stark variieren. Vor allem in verkarsteten Kalkgebirgen können die Regenwässer innerhalb weniger Stunden wieder an die Oberfläche kommen, sie können aber auch Jahre im Gebirge verweilen. Wenn das Wasser im Berg viel Kalk lösen konnte und dann wieder an die Oberfläche kommt, fällt gelöster Kalk aus und bildet so genannte Quelltuffe oder Sinter. Fließt das Wasser dabei über Pflanzen im Quellbereich, werden diese von den Sintern überzogen und deren Struktur auf diese Weise konserviert (Abb. 128).

Abb. 128. Versinterte Pflanzenreste am Bachlauf beim Haltepunkt ⑤. Aus den stark kalkhaltigen Grundwässern, die wenige Meter oberhalb des Güterwegs aus einer Quelle austreten, fällt der gelöste Kalk wieder aus, sobald das Wasser in Kontakt mit der Atmosphäre kommt. Kalksinter sind ein Hinweis darauf, dass das Wasser in einem Kalkgestein zirkuliert ist. Es ist aber auch ein Hinweis auf eine Verweildauer im Untergrund, die ausreichend lange war, um derartige Mengen an Kalk zu lösen.

Abb. 129. Verlandeter Tümpel hinter einem Wall am Hang, der sich in Folge von Hangbewegungen gebildet hat. Das zufließende Wasser wird durch den Wall aufgestaut und es entsteht
zunächst ein Tümpel. Da das Wasser aber auch Sediment mitbringt, wird das Wasserloch im
Laufe der Zeit aufgefüllt, der Tümpel verlandet und es bildet sich ein Feuchtgebiet mit einer
wasserliebenden Vegetation.

hangparallel ausgerichteten Wülsten geführt, die einige Meter hoch sind und zwischen denen sich eine Mulde ausbildet. In dieser Mulde wird das oberflächlich zufließende Wasser
gestaut. Auf diese Weise entsteht zunächst ein kleiner Tümpel. Das zufließende Wasser
transportiert aber auch Sediment in Form von Sand oder Kies. In dem aufgestauten Tümpel bleibt dieses Sediment liegen, sodass im Lauf der Zeit die Mulde wieder verfüllt wird
und ein Feuchtgebiet mit entsprechender Vegetation zurückbleibt. Das Feuchtgebiet beim
Haltepunkt ⑥ stellt einen solchen verlandeten Tümpel dar, der in einer Senke in Folge einer
Hangbewegung gebildet wurde (Abb. 129).

Wir erreichen nach zwei Kehren und (im Frühsommer) dem Übersteigen einiger Lawinenkegel wieder eine Bachquerung. Hier, nur wenige Hundert Meter unter ihrem Ursprung, lässt
sich die Enns fast trockenen Fußes durch die Furt überqueren. Die unterste der insgesamt
vier Almhütten der Oberen Ennsalm liegt in einer Wegkehre. Hier zweigt hinter der Hütte
ein Steig in Richtung Ennskar ab, dem man einige Hundert Meter folgen kann. Die Quelle
sucht man von hier ab nicht mehr mit den Augen, sondern mit den Ohren. Im Grau des
Schotterfeldes und im Weiß der Schneefelder ist das Wasser kaum erkennbar. Das Rauschen
des Baches zeigt uns an, wie weit wir noch vom Haltepunkt ⑦, dem Ziel unserer Wanderung
entfernt sind (Abb. 130). Etwa in Talmitte treten an mehreren Stellen aus den Schottern
des Kars oder, wie am Foto, im Frühsommer aus den übrig gebliebenen Schneefeldern die
ersten kleinen Bächlein zu Tage, die sich nur wenig unterhalb zu einem Bachlauf zusam-

menfinden. Eine kurze Schlucht am unteren Ende des Schotterfeldes zwingt das Wasser, sich zu einem Bachlauf – der Enns – zusammenzufinden.

Jetzt, am Ziel unserer Wanderung, wissen wir also, wie wir zum Ursprung der Enns kommen, bleibt noch die Frage zu beantworten, wie denn nun das Wasser zur Quelle kommt?

Das Wasser, das im Ennskar an die Oberfläche kommt, war bis dahin im Kalkgestein des Bergmassivs von Ennskraxen, Kraxenkogel und Bernkarkogel gespeichert. Die Kalkgesteine, die aufgrund ihrer relativ guten Löslichkeit Hohlräume aufweisen, ermöglichen ein Einsickern der Niederschläge in den Berg. Zahlreiche kleinere und größere Hohlräume werden durchflossen bzw. in Zeiten starker Niederschläge mit Wasser gefüllt. Der Schwerkraft folgend fließt das Wasser über diese Hohlräume aus und tritt dort aus, wo die Fließwege die Oberfläche schneiden. Das flache Kargebiet, das mit einem mächtigen Schotterkörper ge-

Abb. 130. Der Enns-Ursprung liegt im Kar hinter der untersten Hütte der Oberen Ennsalm (oben). An mehreren Stellen tritt Wasser unter Schneefeldern hervor (Mitte). Im Hochsommer, wenn die letzten Schneefelder verschwunden sind, können zahlreiche kleine Austritte aus den Karschottern beobachtet werden. Zunächst suchen sich einzelne kleine Bächlein ihren Weg durch die Schotterfelder, bis sie schließlich alle durch die kurze Schluchtstrecke am unteren Ende des Kars zusammengeführt werden (unten).

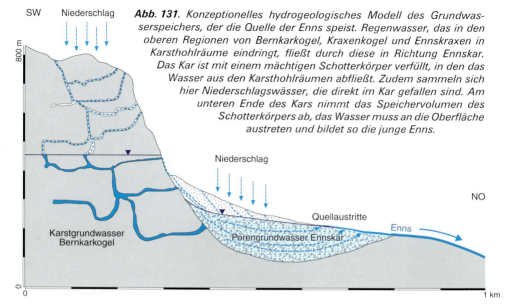

Abb. 131. *Konzeptionelles hydrogeologisches Modell des Grundwasserspeichers, der die Quelle der Enns speist. Regenwasser, das in den oberen Regionen von Bernkarkogel, Kraxenkogel und Ennskraxen in Karsthohlräume eindringt, fließt durch diese in Richtung Ennskar. Das Kar ist mit einem mächtigen Schotterkörper verfüllt, in den das Wasser aus den Karsthohlräumen abfließt. Zudem sammeln sich hier Niederschlagswässer, die direkt im Kar gefallen sind. Am unteren Ende des Kars nimmt das Speichervolumen des Schotterkörpers ab, das Wasser muss an die Oberfläche austreten und bildet so die junge Enns.*

füllt ist, nimmt dieses Wasser auf. Dabei fließt das Wasser in den Hohlräumen zwischen den einzelnen Steinen, Kies- oder Sandkörnern. Dort, wo die Schotterdecke immer dünner wird, also am unteren Ende des Schotterfeldes, ist nicht mehr genügend Platz zwischen den Körner und das Wasser kommt an die Oberfläche. In Abbildung 131 ist die Situation schematisch in einem so genannten konzeptionellen hydrogeologischen Modell dargestellt.

Wer jetzt und nach einer Einkehr in der Oberen Ennsalm noch nicht müde ist, der sollte auf jeden Fall noch in ca. 20 Minuten zum Joch hinaufsteigen und es sich auf dem dahinter liegenden Ennsfeld im Gras gemütlich machen. Von hier aus bietet sich ein eindrucksvolles Gipfelpanorama mit dem markanten Mosermadl im Zentrum.

Ganz Eifrige oder jene, für die eine Bergtour nur mit Gipfel eine echte Bergtour ist, können in gut einer Stunde über einen Steig, der hinter der Oberen Ennsalm abzweigt, auf das Benzegg steigen und die Route vom Gegenhang aus betrachten. Der blau markierte Weg führt leicht ansteigend entlang des Schilchegg-Westhanges und dann über Grashänge und Latschenfelder hinauf zum Benzegg-Gipfel (2076 m). Der Steig ist recht schmal und steinig und kann im Frühsommer auch noch rutschig sein. Vor allem für diese erweiterte Variante ist bergtaugliches Schuhwerk unbedingt erforderlich.

Der Rückweg verläuft gleich wie der Hinweg, dabei sollte man die vom Benzegg-Gipfel immerhin 10 Kilometer lange Wegstrecke nicht unterschätzen und ausreichend Zeit einplanen.

Literatur

BRAUNSTINGL, R. (Koord.), G. PESTAL, E. HEJL, H. EGGER, D. VAN HUSEN, M. LINNER, G. MANDL, M. MOSER, J. REITNER, C. RUPP & R. SCHUSTER (2005): Geologische Karte von Salzburg 1:200.000 mit Erläuterungen. – Geologische Bundesanstalt Wien.

HÖLTING, B. & W. G. COLDEWEY (2013): Hydrogeologie. – 8. Auflage; Stuttgart, Heidelberg (Springer Spektrum).

Am Gipfel mit dem Roten Kreuz

SABINE KORNBERGER-SCHEUCH und EVA WIMMER-LIKO

Wanderungen sind für uns immer Erlebnisse, wodurch etwas entsteht. Zu zweit, mit der Familie oder mit mehren Freunden wandern wir. Durch gemeinsame Gespräche und Rundblicke entstehen neue Eindrücke und Ideen, durch Diskussionen über Dinge und Erlebnisse entwickeln sich Wissen und Informationen, die wir dann weiter verfolgen. Immer ist es aber ein harmonischer Gedankenaustausch mit viel Zuhören, nicht nur weil die Luft beim Bergaufsteigen knapp wird. Bei dieser sportlichen Betätigung verbrennen wir auch Kalorien und arbeiten an unserer Kondition. Diese Bewegungseinheiten haben somit auch einen gesundheitlichen Aspekt.

Vor allem sind die gemeinsamen Wanderungen aber Quellen der Kraft, der Inspiration und der Freundschaft. Jede Wanderung ist für uns ein Weg zur Quelle. Möget auch ihr die Quellen der Lebensfreude, Verbundenheit und der inneren Ruhe bei dieser Wanderung spüren.

Lage: Das Wandergebiet liegt an der Grenze zwischen Salzburg (Lungau) und Kärnten (Bezirk Rennweg), ausgehend vom Katschbergpass beim Gasthaus Bacher.

Anreise. Mit PKW: Von Salzburg mit dem Auto über die Tauernautobahn (A 10), Ausfahrt St. Michael (mautpflichtig) oder über die Tauernautobahn bis Abfahrt Radstadt, dann auf der B99 über Obertauern und Mauterndorf nach St. Michael und weiter auf der B99 zur Katschbergpasshöhe. Oder vom Süden kommend auf der A10 bis Ausfahrt Rennweg und dann auf der B99 bis Passhöhe Katschberg.

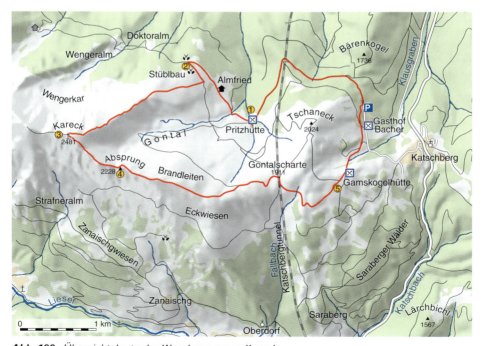

Abb. 133. *Übersichtskarte der Wanderung zum Kareck.*

◁ **Abb. 132.** *Weidendes Fleckvieh.*

Im Ortsgebiet von Katschberg bis zur Ortsmitte und weiter nach Westen zum Gasthof Bacher. Mit öffentlichen Verkehrsmitteln: Bahn und Bus von Salzburg Hauptbahnhof (2 mal Umsteigen) bis St. Michael, dann mit Tälerbus Nr. 5132 von und nach Rennweg, Station Katschberg–Passhöhe. Genauer Abfahrtsplan im Internet oder beim Tourismusverband St. Michael und Rennweg/Katschberg. (Bus- und Bahnanschlüsse sind nicht aufeinander abgestimmt, daher genau informieren).

Wegeverlauf: Vom Gasthof Bacher folgt man dem Wanderweg Nr. 20 2,5 Kilometer bis zur Pritzhütte (1750 m), danach 400 Meter über Wiesen und einen mäßig steilen Anstieg zum Nordost-Grat, diesem entlang auf einem schmalen, aber ungefährlichen Wandersteig relativ stark ansteigend bis zum Gipfel des Karecks (2481 m). Zurück geht es auf demselben Weg oder man entscheidet sich für die etwas anspruchsvollere Variante über den Südost-Grat mit einer kleinen Eisenleiter zur Gontalscharte, von dort entweder zurück zur Pritzhütte (Weg Nr. 18) oder über bewirtschaftete Almwiesen zur Gamskogelhütte und die Lifttrasse querend zurück zum Gasthof Bacher.

Anforderung: Mittelschwere Wanderung. Trittsicherheit und Schwindelfreiheit sind erforderlich. 800 Meter Höhenunterschied, 2,5 Stunden Aufstieg und 1,5 Stunden Abstieg; Gehzeit insgesamt 4 Stunden.

Karten: F&B 50 WK (Radstädter Tauern–Katschberg–Lungau)

Internet: www.Bergfex.at unter Bergtour aufs Kareck.

Einkehrmöglichkeiten: Gasthof Bacher (www.gasthof-bacher.at); Pritzhütte (www.pferdebauernhof.com) Gamskogelhütte (www.gamskogel.at)

Die Tour beginnt beim Alpengasthof Bacher (1700 m). Am Wanderweg nach dem Gasthaus sind Parkmöglichkeiten für die Autos vorhanden. Die Wanderung führt zunächst ca. 2,5 Kilometer auf einem geschotterten Forstweg (Markierung Nr. 20) durch den Wald zur bewirtschaften Pritzhütte. Entlang des Weges bis zur Hütte sind an Bäumen Schilder mit Quizfragen (z. B. »Wer trägt die Hühneraugen am Kopf?«) und Rechenaufgaben (sieben Heuhaufen und neun Heuhaufen werden zusammengelegt, wieviel Heuhaufen ergibt dies?«. Übrigens, wer auf sechzehn kommt, der irrt sich.) angebracht.

Die Pritzhütte (1750 m; ①) liegt nur 50 Meter höher als der Beginn der Wanderung und ist der eigentliche Ausgangspunkt der Bergtour. Von hieraus sind es noch 750 Höhenmeter zum Gipfel, auch wenn man ihn über das Kar, welches als Gontal bezeichnet wird, schon sieht. Von der Pritzhütte führen zwei Routen zum Kareck, eine verläuft südlich, die andere nördlich des Gontales. Den Wanderern bieten sich damit unterschiedliche Möglichkeiten für den Auf- und den Abstieg.

Für den Aufstieg empfiehlt sich der Weg nordöstlich des Gontales. Der Wanderer folgt dem markierten Weg nach der Pritzhütte über feuchte Almböden, mäßig ansteigend bis zur Abzweigung Almfried. Von dort 100 Meter in Richtung Westen befindet sich unterhalb des Weges der Eingang zum stillgelegten Goldbergwerk Stüblbau, das nicht öffentlich zugängig ist (②. Danach zurück zur Weggabelung Almfried. Von dort geht es verhältnismäßig stark ansteigend über der Waldgrenze entlang des Bergkammes nordwestlich des Gontales zum Gipfel. Auf dem sehr gut gekennzeichneten Wanderweg hat der Bergwanderer zumeist das Gipfelkreuz vor Augen. Wendet er sich zurück, so schweift der Blick in den Lungau zur Gemeinde St. Michael. Oberhalb der Waldgrenze, die auf 1750 Höhenmetern liegt, geht es über Almböden mit vom Frühjahr bis Herbst wunderschöner Vegetation in immer schrofferes Gelände mit Gneisgestein. Durch das kupierte Gelände erscheint der weithin sichtbare Gipfel immer wieder sehr nahe, doch der Weg führt immer noch rund dreihundert Höhenmeter durch nun relativ stark ansteigendes, schroffes Gelände.

Abb. 134. *Pritzhütte, gezeichnet von MARIE TERESE TISCHLER (11 Jahre), der Tochter der Autorin*
S. KORNBERGER-SCHEUCH.

Der Gipfel (③) bietet einen wunderschönen Rundumblick zu den Karawanken und Ju-
lischen Alpen sowie den Gletschern der Ankogel-, Hochalmspitz- und Hafnergruppe.

Wer Varianten schätzt, wählt zum Abstieg die andere Route, nämlich den Steig süd-
westlich des Gontales entlang des Bergkammes, welcher die Grenze zwischen Salzburg
und Kärnten bildet. Dieser Steig, mit einem schönen Blick nach Kärnten in das Pöllatal, wo
sich die Lieser durchs Tal schlängelt (④), ist nicht in allen Karten eingetragen. Er führt im
oberen Teil über den mit Almrausch und Heidelbeeren bewachsenen Hang unterhalb des
Bergkammes. Nach etwa zweihundert Höhenmetern gelangt man zu einem kurzen Durch-
stieg durch felsiges Gelände. Der Abschnitt erfordert Trittsicherheit und Schwindelfreiheit.
Eine kritische Stelle ist mit einer kurzen Eisenleiter abgesichert. Es geht weiter entlang des
dicht bewachsenen Bergrückens bis zur Gontalscharte (1950 m), wo sich der Steig teilt. In
Richtung Norden gelangt man zurück zur Pritzhütte. Der Steig nach Süden führt über das
Schigebiet Katschberg, wo im Sommer Rinder weiden, oft unmittelbar auf der Piste, über
die Gamskogelhütte (⑤) zurück zum Almgasthaus Bacher.

Die Bergwanderung erfordert ein Mindestmaß an Kondition, führt sie doch von rund
1700 Höhenmetern auf fast 2500 Höhenmeter. Rechnet man mit 400 Höhenmetern pro
Stunde, wäre sie in gut zweieinhalb Stunden zu bewältigen.

Die Vegetation ist typisch für das salzburgerisch-kärntnerische Grenzgebiet. Der Wald
ist geprägt von Lärchen und Fichten, die diesen im Herbst in wunderschönem gelbem Licht
erscheinen lassen. Insgesamt handelt es sich um eine anspruchsvolle Bergwanderung mit
tollem Ausblicken und enormen Weitblicken. Die beste Wanderzeit ist von Mai bis September. Im Winter ist das Kareck eine beliebte Skitour.

Punkt ① – Pritzhütte (1750 m)

Die Pritzhütte liegt mitten im Naturschutzgebiet Gontal. Die alte Hütte wurde liebevoll restauriert, besitzt eine herrliche Sonnenterrasse und wird von der Familie NEUSCHITZER betrieben. Neben der Qualität der regionalen Köstlichkeiten, von der Brettljause bis zum Kaiserschmarrn wird viel Wert auf Details gelegt. So wird die Suppe im kleinen Topf und der Kaffee in Bechern mit Sprüchen serviert. Besonders viel bietet die Pritzhütte aber für die jungen Besucher: Ponyreiten, Streichelzoo und Wasserspielplatz. Die Hütte hat von Mai bis November täglich von 10 bis 17 Uhr geöffnet.

Abb. 135. *Blick von der Pritzhütte auf das Kareck.*

Abb. 136. *Goldbleche mit Scheelit.*

Punkt ② – Stüblbau

In den Hohen Tauern verläuft eine der bedeutendsten Goldvererzungen von Muhr im Lungau über den Weiler Schellgaden bis Spittal a. d. Drau. Eines der stillgelegten Goldbergwerke ist der Stüblbau. Er liegt an der Nordostflanke des Karecks und im Goldrevier von Schellgaden. Das Hauptgestein sind stark schiefrige Gneise des Kareckkomplexes (Altpaläozoikum). Diese Bezeichnung geht auf EXNER (1971) zurück. Der Mineralbestand ist durch silberarmes Gold in Begleitung von Pyrit, Galenit, Chalkopyrit, Scheelit und Turmalin gekennzeichnet. Als Typenmineral fand man im Stüblbau das Phosphorrösslerit, nicht benannt nach der derzeitigen Salzburger Landeshauptfrau, sondern nach Dr. CARL RÖSSLER, einem Mineralogen aus dem sächsischen Erzgebirge. Das Mineral wurde von FRIEDRICH & ROBISCH (1939) als neue Mineralspezies entdeckt und beschrieben. Es ist im Aussehen ähnlich wie Kandiszucker.

Die Stollen wurden erstmalig 1354 urkundlich erwähnt. Rund 500 Jahre wurde dort mit längeren Unterbrechungen Gold abgebaut. Von 1815 bis 1938 wurde der Goldabbau eingestellt. 1938 wurde die Lagerstätte neu untersucht, neue Betriebsgebäude wurden errichtet und ein 130 Meter langer Stollen vorangetrieben. Doch die zu erwartende Ausbeute erwies sich als zu gering, sodass im Jahr 1941 der Bergbau endgültig stillgelegt wurde.

Das Labyrinth des Stüblbaus hat eine Gesamtlänge von 17 Kilometern und man findet darin verschiedenste Vortriebs- und Abbaumethoden. Vor der Einführung des Schwarzpulvers wurden die Stollen im Mittelalter handgeschrämmt, wobei die Methode des Feuersetzens die Vortriebsarbeiten erleichtern konnte. Dabei wurden an der Ortsbrust (Stelle, an der der Vortrieb stattfindet) Holzscheiter abgebrannt, die das Gestein erhitzten. Der Brand wurde daraufhin gelöscht. Durch die Wechselwirkung von Hitze und Kälte entstanden kleine Risse im Gestein, in die man die Meißel zur Vortriebsarbeit besser eintreiben konnte. An das Feuersetzen erinnern die rußgeschwärzten Wände der Stollen. Größere, durch den Abbau entstandene Hohlräume wurden fein säuberlich mit

Abb. 137. Diskordanter Quarzgang mit Sulfiden (Galenit, Chalkopyrit) und gediegenem Gold.

Gesteinsplatten versetzt, um Gesteinsnachfall aus der Firste (Decke) zu verhindern. Später, als die Bohr- und Schießarbeit zur Anwendung kam, wurden viele mittelalterliche Stollen nachgeschossen, woran heute Bohrlochpfeifen (Reste von Bohrlöchern) erinnern. Heute ist der Stüblbau nicht mehr öffentlich zugänglich. Nur berechtigte Personen erhalten einen Schlüssel für den Zutritt.

Punkt ③ – Gipfel, Gipfelkreuz vom Roten Kreuz

Geschichte des Gipfelkreuzes

In früheren Zeiten wurden Berge eher als Verkehrshindernisse bei der Reise in die nächsten Täler betrachtet. Ab dem 16. Jahrhundert wurden vermehrt Kreuze auf Gipfeln errichtet, wobei diese zur Markierung der Alm- und Gemeindegrenzen dienten. Ab dem 17. Jahrhundert sind auch Wetterkreuze, welche gegen Unwetter, Sturm und Hagel schützen sollen, auf Gipfeln zu finden.

MARTIN SCHARFE leitet die Entwicklung der Gipfelkreuze von den Jochkreuzen ab: »In der Regel stand an der höchsten Stelle der Straße – also am kritischen Punkt – ein weithin sichtbares Kreuz, das zu frommer Andacht einlud; erst mit dem seit Ende des 18. Jahrhunderts aufkeimenden Interesse an den Berg-Gipfeln ist das Joch-Kreuz als Gipfel-Kreuz auf die Bergspitzen selbst gewandert.« Die Jochkreuze standen für Gebet, Andacht und Danksagung und sollten Schutz für die Reise bringen.

Um die Zeit um 1800 wurden auch immer mehr Erstbesteigungen durchgeführt, welche dann in der Öffentlichkeit bekannt gemacht wurden. Die Erstbesteiger hinterließen Spuren am Gipfel, meist Steinhaufen mit Inschriften oder Fahnen, ohne religiösen Hintergrund. Das erste Gipfelkreuz wurde 1799 auf dem Kleinglockner aufgestellt und war ein zwei Meter hohes Eisenkreuz. Die Gipfelkreuzsetzungen fielen in die Zeit der Aufklärung. Die Gipfelkreuze sind weniger Ausdruck religiöser Frömmigkeit als ein Zeichen der Naturunterwerfung. Der »aufgeklärte« Mensch glaubte an die Unterwerfung der Natur und ihrer Kräfte, Religion war Privatsache. Während des 19. Jahrhunderts versuchte man auch statt der christlichen Kreuze neutraleren Gipfelsymbolen wie Pyramiden, Obelisken oder Fahnen zu verwenden, jedoch setzten sich diese Symbole nicht durch.

In und nach dem Ersten, aber auch Zweiten Weltkrieg wurden immer mehr Kreuze von Heimkehrern und im Gedenken an gefallene Soldaten aufgestellt. Neben dem religiösen Aspekt wird mit die Gipfelkreuzsetzung auch ein Akt der Vergangenheitsbewältigung gesetzt, der einen Neustart ermöglichen und markieren soll.

Ab den 1960er- und 1970er-Jahren rücken die traumatischen Ereignisse des Ersten und Zweiten Weltkrieges in den Hintergrund. In dieser Zeit werden die bestehenden Kreuze restauriert oder ersetzt. Bei den Ersetzungen stehen eher private, persönliche Schicksale als kollektive Motive im Vordergrund. So entstehen die Gedenkkreuze, die einer tödlich verunglückten Person gewidmet sind, oder Dankes- und Freundschafskreuze.

Geschichte des Roten Kreuzes Salzburg

Jede Geschichte über das Rote Kreuz beginnt zwangsläufig mit HENRY DUNANT. Der Geschäftsmann aus Genf wurde am Abend des 24. Juni 1859 zufällig Zeuge der Schlacht bei Solferino, bei der 280 000 Soldaten der österreichischen und französisch-piemontesischen Truppen aufeinander schossen. Tief erschüttert von den vielen Verletzten auf dem Schlachtfeld, organisierte DUNANT spontane Hilfe mit den Freiwilligen aus den umliegenden Orten, wobei jedem Verletztem geholfen wurde, egal ob Feind oder Freund. Die Losung von Solferino »Tutti fratelli« (»Alle sind Brüder«) war der Ausgangspunkt für die Gründung des internationalen Roten Kreuzes im Jahr 1863.

In Salzburg etablierte sich das Rote Kreuz als Teil der freiwilligen Feuerwehr im Jahr 1909. Im ersten Jahr wurden 243 Kranke zu Fuß oder per Pferdegespann transportiert. Das Jahr 1927 war dann ein wichtiges für das Salzburger Rote Kreuz. Es fand die organisatorische Trennung von der freiwilligen Feuerwehr statt und der Umstieg vom Pferdegespann auf motorisierte Rettungsautos. 1938 musste die freiwillige Rettungsgesellschaft Salzburg ihre Arbeit beenden und wurde in die Organisation des Deutschen Roten Kreuzes integriert. Ab 1945 begann der Wiederaufbau und Ausbau des Österreichischen Roten Kreuzes im Land Salzburg. 2014 engagierten sich beim Roten Kreuz 3800 Salzburger freiwillig und leisteten fast 800 000 ehrenamtliche Stunden.

Gipfelkreuz vom Roten Kreuz am Kareck

Das Gipfelkreuz am Kareck wurde bei einem starken Gewitter im Sommer 2000 beschädigt. Die freiwilligen Mitarbeiter der Rot-Kreuz-Dienststelle St. Michael haben das nurmehr provisorisch wieder aufgestellte Kreuz im Jahr 2001 durch ein neues Gipfelkreuz ersetzt. Das Holz stellte der Pritzbauer

Abb. 138. *Gipfelkreuz auf dem Kareck.*

130

Abb. 139. *Blick ins Pöllatal.*

in Höf (Gemeinde St. Michael) zur Verfügung. Den schönen, weißen Gipfelbuchbehälter spendete Herr JOSEF BLIEM, vulgo BART SEPP aus Lamm. Die ursprünglich goldene Verzierung (mittlerweile schwarz verwittert) mit einem Kreuz und einer Rose erinnert an die verstorbenen Mitglieder des Roten Kreuzes St. Michael. Das Gipfelkreuz transportierte der Pächter der Pritzhütte, Herr ANDREAS NEUSCHITZER, soweit es möglich war, mit einem eisernen Pferdeschlitten auf den Vorgipfel des Karecks. Von dort aus trugen die Männer des Roten Kreuzes das Gipfelkreuz die restlichen 100 Meter auf den Gipfel des Karecks und befestigten es. Es wurde in einer feierlichen Bergmesse am 16. Juni 2001 geweiht.

Punkt ④ – Bachforelle und Bachsaibling

Im Oberlauf der Lieser, welche durch das obere und untere Pöllatal fließt, leben zwei Fischarten, die **Bachforelle** (*Salmo trutta fario*) und der **Bachsaibling** (*Salvelinis fontinalis*). Beide gehören zu der Familie der lachsartigen Fische (Salmonidae), welche durch ihre kleine Fettflosse am Rücken gekennzeichnet sind. Während die Bachforelle in Europa heimisch ist und erst im 19. Jahrhundert weltweite Verbreitung fand, ist es beim Bachsaibling gerade umgekehrt. Dieser Fisch kam erst 1884 nach Europa.

Die **Bachforelle** ist ein Einzelgänger, braucht gute Verstecke, geht nachts auf Beutezug und kann gut springen. Charakteristisch sind ihre an den Flanken befindlichen schwarzen und zum Bauch hin roten Punkte, die weiß oder blau umrandet sind. Ihr Querschnitt ist abgeflacht. Sie wird bis 80 Zentimeter lang, 10 Kilogramm schwer und bis 18 Jahre alt. Die Laichzeit ist von Oktober bis Jänner.

Der **Bachsaibling** braucht nicht viele Unterstände. Er liebt die Strömung, wie sie in den Quellregionen unserer Gebirgsbäche vorkommt. Seine Charakteristika sind die orangefarbe-

Abb. 140. Bachforelle (Salmo trutta fario).

Abb. 141. Bachsaibling Milchner (Salvelinis fontinalis).

nen Brust-, Bauch- und Afterflossen. Am Vorderrand der Brust- und Bauchflossen befindet sich ein weißes Längsband. Der Bachsaibling hat sehr kleine Schuppen. Seine Laichzeit ist von Oktober bis März. Er wird bis 10 Jahre alt, aber nur 45 Zentimeter lang und ist nicht so häufig anzutreffen wie die Bachforelle. Wird der Laich des Bachsaiblings (Rogner) mit Samen der Bachforelle (Milchner) befruchtet, entwickelt sich daraus die **Tigerforelle**, die wegen ihrer Zeichnung bei Hobby-Teichbesitzern sehr beliebt ist. Diese ist aber dann unfruchtbar. Beide Fischarten leben in fließenden, sauerstoffreichen bis 15 °C kalten Gewässern und ernähren sich von Zooplankton, aber auch Würmern und Insektenlarven und legen ihre Eier in kiesigen Gruben am Grunde des Baches ab.

In der Lieser gibt es viele Plätze für Fliegenfischer, deren klassische Beute Salmoniden sind. Nahe der Kochlöffelhütte im Pöllatal können sich auch Kinder im Angeln versuchen und den Fang entweder an Ort und Stelle oder zu Hause zubereiten. Die Angst vorm Verzehr von Fischspezialitäten ist unbegründet, da weltweit sogar mehr Menschen an der Rinderseuche BSE als an verschluckten Gräten sterben.

Punkt ⑤ – Gamskogelhütte (1850 m)

Die Gamskogelhütte liegt auf 1850 m Seehöhe am Katschberg direkt an der Landesgrenze zwischen Salzburg und Kärnten. Sie
ist ganzjährig geöffnet und im Sommer auch
mit dem Auto erreichbar. Die Hütte wird von
der Familie STRAFNER/ASCHBACHER betrieben. Die regionalen Kärntner und Salzburger
Schmankerl werden frisch auf der Hütte zu-
bereitet. Die »Hütte« bietet eine Besonderheit: Auf ihr kann man auch heiraten!

Neben der Hütte befindet sich die Marienkapelle. Nach der Genesung von einem
schweren Autounfall machte sich OLGA
HOFFMANN den Bau einer Marienkapelle zum
Ziel. Den idealen Platz fand sie auf einer kleinen Anhöhe des Gamskogels. Als 2005 die
Kapelle mit zahlreichen freiwilligen Helfern
und durch Spenden fertiggestellt wurde, gab
es den Wunsch, an diesem besonderen Ort
zu heiraten. Dem Rennweger Bürgermeister
FRANZ EDER gefiel die Idee und er stimm-
te einer Standesamt-Außenstelle auf dem
Katschberg in der Gamskogelhütte zu. Es ist

Abb. 142. Querung mit Eisenleiter.

Abb. 143. Blick ins Gontal zum Anstieg.

133

Abb. 144. *Marienkapelle bei der Gamskogelhütte.*

das höchstgelegene Standesamt Österreichs. Am 14. August 2011 fand die erste offizielle Trauung auf der Gamskogelhütte statt. Jedes Brautpaar erhält im Vorhof der Kapelle zur Erinnerung ein fix montiertes Holzherz mit seinem Namen.

Literatur

AUER, CHRISTIAN (2004): Stüblbau – Alpiner Goldabbau in den Hohen Tauern. – http://www.untertage.com/publikationen/19-europa/74-stueblbau-alpiner-goldbergbau-der-hohen-tauern.html. Schellgaden (Grubenarchäologische Gesellschaft).

GEOLOGISCHE BUNDESANSTALT: 6.2.1.1.3. Kareck-Komplex. – Geologische Karte online-Texte; https://www.geologie.ac.at/gba_application/index.php/event/downloadFile/182.

GÜNTHER, W., W. H. PAAR, F. GRUBER & V. HÖCK (2000): Schatzkammer Hohe Tauern. – Salzburg (Anton Pustet).

HAUER, W. (2007): Fische, Krebse, Muscheln in heimischen Seen und Flüssen. – Graz (Leopold Stocker).

HONSIG-ERLENBURG, W. & N. SCHULZ (1989): Die Fische Kärntens. – Klagenfurt (Naturwissenschaftlicher Verein für Kärnten).

KUNZ, W. (2012): Gipfelkreuze in Tirol, eine Kulturgeschichte mit Gegenwartsbezug. – Wien (Böhlau).

MATTHIS, C. (2002): Dem Himmel so nah … von Gipfelkreuzen und Gipfelsprüchen. – Innsbruck (Berenkamp).

ÖSTERREICHISCHES ROTES KREUZ, LANDESVERBAND SALZBURG (Hrsg., 2009): 100 Jahre Österreichisches Rotes Kreuz Salzburg; Salzburg.

PAAR, W. H. (1994): Erze und Lagerstätten. – S. 89–102 in: Naturhistorisches Museum Wien (Hrsg.), Mineral und Erze in den Hohen Tauern; Bad Vöslau.

PRESSE- UND INFORMATIONSZENTRUM DES BUNDESLANDES SALZBURG (1985): Dienst am Nächsten, 75 Jahre Rotes Kreuz. – Schriftreihe des Landespressebüros, Sonderpublikation Nr. 58.

Alpine Quellen, Naturraum und ländlicher Lebensraum

Von Schladming entlang des Talbaches ins Obertal

MELANIE KEIL

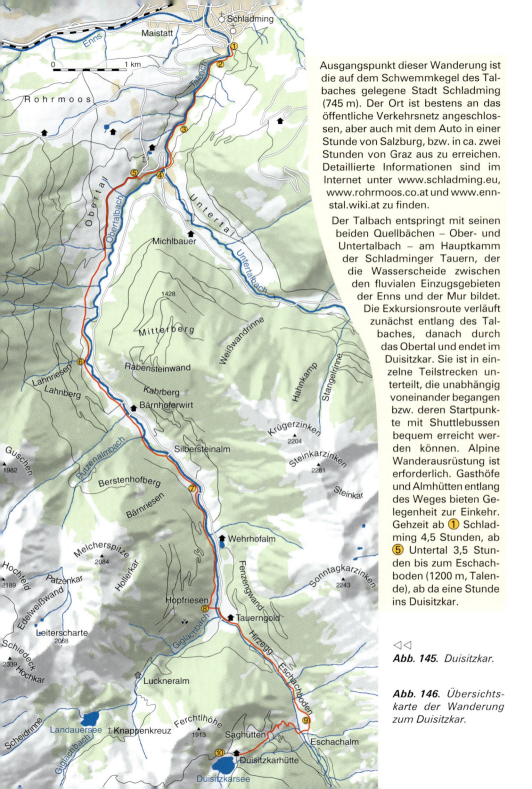

Ausgangspunkt dieser Wanderung ist die auf dem Schwemmkegel des Talbaches gelegene Stadt Schladming (745 m). Der Ort ist bestens an das öffentliche Verkehrsnetz angeschlossen, aber auch mit dem Auto in einer Stunde von Salzburg, bzw. in ca. zwei Stunden von Graz aus zu erreichen. Detaillierte Informationen sind im Internet unter www.schladming.eu, www.rohrmoos.co.at und www.ennstal.wiki.at zu finden.

Der Talbach entspringt mit seinen beiden Quellbächen – Ober- und Untertalbach – am Hauptkamm der Schladminger Tauern, der die Wasserscheide zwischen den fluvialen Einzugsgebieten der Enns und der Mur bildet. Die Exkursionsroute verläuft zunächst entlang des Talbaches, danach durch das Obertal und endet im Duisitzkar. Sie ist in einzelne Teilstrecken unterteilt, die unabhängig voneinander begangen bzw. deren Startpunkte mit Shuttlebussen bequem erreicht werden können. Alpine Wanderausrüstung ist erforderlich. Gasthöfe und Almhütten entlang des Weges bieten Gelegenheit zur Einkehr. Gehzeit ab ① Schladming 4,5 Stunden, ab ⑤ Untertal 3,5 Stunden bis zum Eschachboden (1200 m, Talende), ab da eine Stunde ins Duisitzkar.

◁◁

Abb. 145. *Duisitzkar.*

Abb. 146. *Übersichtskarte der Wanderung zum Duisitzkar.*

Die geologischen Verhältnisse des Oberen Ennstals, in der Umgebung der Stadt Schladming, repräsentieren zwar nur einen kleinen Ausschnitt des Alpenbogens, zeigen aber exemplarisch die im Hochgebirge wirksamen naturräumlichen Prozesse und die sich daraus ergebenden Möglichkeiten der Landnutzung.

Alpine Quellen stehen in engem Zusammenhang mit dem Erscheinungsbild einer Landschaft und der geologischen Beschaffenheit des Untergrundes. Flurnamen wie z. B. Quellboden (Planai) oder Ursprungalm (Preunegg) nehmen Bezug auf die lokalen hydrographischen Verhältnisse. Das Risiko von Naturkatastrophen, wie z. B. Überflutungen und Rutschungen, hängt ganz wesentlich vom Infiltrationsverhalten der Böden, von der Speicherkapazität der Sedimente und der natürlichen Klüfte im Fels, sowie von den Hangneigungen und den Strömungsgeschwindigkeiten der Bäche ab. Alpine Quellflüsse sind aber auch ein wichtiger ökonomischer Faktor für die Erschließung und Nutzung des Naturraumes (Wasserkraft, Bergbau, Almwirtschaft, Tourismus).

Das Gebiet der Schladminger Tauern (Niedere Tauern) ist vorwiegend aus kristallinen Gesteinen aufgebaut. Die vorherrschenden Gesteine des Schladminger Kristallins sind Gneise, genauer gesagt Paragneise, die durch Gesteinsmetamorphose aus ehemaligen Sedimenten hervorgegangen sind, und Orthogneise, die aus ehemaligen magmatischen Tiefengesteinen wie z. B. Graniten gebildet wurden. Die mit physikalischen Datierungsmethoden bestimmten Alter der Minerale liegen zwischen ca. 340 und 50 Millionen Jahren, wobei die hohen Werte dem Alter der magmatischen Ausgangsgesteine entsprechen und die jüngeren den Zeitpunkt einer späteren Gesteinsmetamorphose im Zuge der alpidischen Gebirgsbildung anzeigen.

Das Abkühlungsalter von Orthogneisen des Schladminger Kristallins, das mit der Apatit-Spaltspurmethode bestimmt wurde, liegt bei 19,6 ± 1,6 Millionen Jahren, d.h. dass das Gestein zu diesem Zeitpunkt noch eine Temperatur von ca. 100 °C hatte und erst später durch die regionale Hebung und Abtragung an die Oberfläche gelangt ist.

In diesem Zeitraum haben tektonische Vorgänge des Erdinneren, wie z. B. Faltung und Hebung, die Verformung der Gesteine und somit die Gebirgsbildung beeinflusst. Über den schon erwähnten Gneisen des Schladminger Kristallinkomplexes liegen Phyllite und Grünschiefer, die in geringerer Tiefe bei niedrigeren Temperaturen und Drucken gebildet wurden. Der blättrige Phyllit der Ennstaler Phyllitzone (Talbach) ist feinkörnig-schuppig mit ebenen Schieferungsflächen. Er ist aus ehemaligen Tonsteinen hervorgegangen. Der dem Phyllit eingelagerte Grünschiefer hat ein ähnliches Gefüge, ist aber aus vulkanischen Tuffen entstanden.

Die reliefbildenden Prozesse des Gebietes begannen vor ca. 23 Millionen Jahren (Oligozän/Unteres Miozän). Der fluviale Abfluss der Ostalpen nördlich des Alpenhauptkamms erfolgte zunächst von Süd nach Nord, in Richtung des Molassemeeres, das sich im Gebiet des heutigen Alpenvorlandes befand. Die nordalpine Längstalfurche entlang der ungefähr West-Ost verlaufenden Abschnitte der heutigen Salzach und der Enns bildete sich erst später durch die Aktivierung tektonischer Seitenverschiebungen entlang von Bruchlinien entlang der Haupttäler. Dadurch wurde das ursprünglich nordgerichtete Entwässerungssystem zunehmend kanalisiert, und ein neues, ostgerichtetes System entstand.

Hebungsphasen der Niederen Tauern gegenüber den schwächer gehobenen Kalkalpen sowie die Beschaffenheit der Gesteine waren die Hauptfaktoren für das unterschiedlich starke Einschneiden der südlichen Nebenflüsse der Enns. Der bei Schladming in die Enns mündende Talbach zeigt das charakteristische Profil der Nebentäler aus dem Süden: Steilstufen und Gefällsknicke im Wechsel mit flachen Talböden.

Der letzte große formgebende Faktor waren die eiszeitlichen Gletscher, die das vorhandene Relief nachhaltig prägten. Vor allem die Spuren der letzten Eiszeit (Würmvereisung vor 110 000 bis 10 000 Jahren) sind noch gut zu erkennen. Die Niederen Tauern waren während

Abb. 147. Obertal. Blickrichtung nach Süden. Das Obertal stellt ein besonders gut erhaltenes Trogtal dar. Die U-Formung ist nicht durch größere Massenbewegungen als Folge von Übersteilung der Hänge gestört. Bemerkenswert ist, dass auf die hochgelegenen Tröge ein eher V-förmiger Talquerschnitt folgt.

der Eiszeit das Nährgebiet von großen Talgletschern, deren Eis in den Haupttälern eine Dicke von mehr als 1000 Metern erreichte. Zum typischen eiszeitlichen Formenschatz der Niederen Tauern gehören Kare (z. B. Duisitzkar) und Trogtäler. Kare sind ehemalige Quelltrichter, die durch die Glazialerosion zu muldenförmigen Hangnischen mit relativ flachem Boden umgestaltet wurden. Auch die charakteristische Trogform der Täler entstand durch die erodierende Wirkung der Gletscher. Großflächige Moränen und Verlandungsflächen ehemaliger, d. h. spät- bis postglazialer Seen prägen ebenfalls die Landschaft im Obertal.

Exkursion Talbachklamm–Untertal

Die Exkursion beginnt an der kleinen Brücke am nördlichen Taleingang unweit eines gebührenpflichtigen Parkplatzes ①. Der Talbach mit seinen Quellflüssen wird seit 1897 für die Stromerzeugung genutzt. Hier am Ausgang der Talbachklamm befindet sich ein Kleinkraftwerk, das ursprünglich im Privatbesitz war, später von der Verbund AG übernommen und renoviert wurde, und seit 2013 wieder in Betrieb ist.

Der Weg durch die Klamm beginnt mit einer kleinen Steigung, der Bach überwindet diese in drei Stufen ②. In der Folge wechseln lange flache Abschnitte mit etwas steileren im Mittelabschnitt. Der Talbach hat in der Schlucht selbst ca. 13 % Gefälle. Dieses verflacht mit zunehmender Länge bergwärts; im Obertal beträgt es nur 2 bis 4 %. Die Quellarme zeigen wieder eine Steilstufe. Das Haupttal der Enns ist tektonisch vorgezeichnet und eiszeitlich

Abb. 148. Hohe Strömungsgeschwindigkeit über eine markante Gefällsstufe des Talbaches.

Abb. 149. Glimmerschieferbänke mit typischem blättchenartigem Aufbau und sehr guter Spaltbarkeit zerfallen ob ihrer Wassergängigkeit zu Schutt.

Abb. 150. Verfestigte eckig-kantige Bruchstücke indizieren eine Gesteinszerrüttungszone im Bereich von Störungszonen.

Abb. 151. Der Obertalbach (rechts) und der Untertalbach vereinigen sich und bilden im weiteren Verlauf den Talbach.

übertieft. Nach dem Abschmelzen des Ennsgletschers wurde die von Süden einmündende Klamm des Talbaches durch rückschreitende Erosion zur heutigen Form umgestaltet. Die erosive Tätigkeit des Baches führt zu einer Versteilung der Hänge. Die Auswirkungen werden an der südlichen Talseite sichtbar. Vernässungen prägen hier den gesamten Verlauf bis ins Untertal. Umfangreiche Schutzmaßnahmen sollen ein weiteres Abgleiten der linken Hangseite verhindern, kleinere und größere Rutschungen bedürfen ständiger Überwachung des Geländes. Zahlreiche wasserführende Gräben kreuzen den Weg, bevor ihre Wässer in den Talbach münden. In diesen Bereichen zeigt sich die erosive Gewalt auch kleiner Gerinne. Trockenen Fußes kann man sie nur über Holzplanken queren. Aber der ganze Weg ist touristisch attraktiv gestaltet mit Wasserrädern, Hinweisen auf Sagen in Schautafeln und stimmungsvoller Beleuchtung in den Abendstunden.

Der Gesteinsaufbau ist keineswegs homogen, der gesamte Bereich der Talbachklamm ist stark zerrüttet. Der Fels besteht aus phyllitischem Glimmerschiefer und ist zum Teil von Hangschutt überlagert. Grünschiefer und von Amphibolit durchzogene Glimmerschieferbänke formen die rechte Klammseite. Zahlreiche Blöcke von Hellglimmer liegen im Bachbett, der Hang ist stark zerklüftet. Eine geologische Besonderheit ist das kleine Band einer Störungsbrekzie ③.

Nach einer Gehzeit von ca. 45 Minuten erreicht man den Rohrmooser Ortsteil Untertal und nach Überqueren der Gemeindestraße den Endpunkt dieser Wanderung am Zusammenfluss von Ober- und Untertalbach. ④.

Exkursion nach Obertal

Obertal ist ein Ortsteil von Rohrmoos / Untertal, seit 1. Jänner 2015 zur Stadtgemeinde Schladming gehörend.

Der Ausgangspunkt ⑤ liegt unmittelbar nach der Straßenkehre von Untertal in Richtung Rohrmoos. Geologisch ist das gesamte Obertal dem Schladminger Kristallinkomplex zuzuordnen. Der Spornrücken zwischen Obertal und Untertal am nördlichen Ende des Tales (Bereich Rabensteinwand–Roßkopf) wird von Orthogneis dominiert. Der teilweise asphaltierte Weg verläuft 40 bis 50 Meter oberhalb des Obertalbaches auf einer großflächigen Moränenlandschaft. Die naturnah bewirtschaftete Landschaft ist durch exzessive Grünlandwirtschaft geprägt. Ab dem Gasthof Windbacher verläuft die Strecke nahe am Talboden. Der Obertalbach fließt mäandrierend; sein Bett ist unbeeinflusst von menschlichen Eingriffen. Nach rund einem Kilometer ändert sich das Landschaftsbild. An der westlichen Talseite befindet sich ein etwa 250 Meter breiter periglazialer Schuttstrom mit eindrucksvollen Buckelwiesen, der in einer großflächigen Vernässung endet (⑥).

Frostwechsel ist der dominierende Verwitterungsprozess in unvergletscherten Kaltklimagebieten mit einer mittleren Jahrestemperatur unter 0 °C und Schneeschmelze im Sommer. Periglaziale Lockergesteinsmassen prägen alpine Kar- und Tallandschaften. Buckelwiesen stellen geomorphologische Kleinformen dar, deren dominierender Formungsprozess die Oberflächensackung ist. Sie entstehen oft im Zusammenhang mit Wald- bzw. Windwurf oder durch das Ausschmelzen von Toteis (z. B. von Eiskeilen).

Eine Bergsturzfläche von der Rabensteinwand lenkt den Blick auf die gegenüberliegende Talseite. Sie wird gegenwärtig aufgeforstet. Die Gesteinsbrocken, die in der Nähe des Talbodens lagern, sind hauptsächlich Granitgneis oder Granodioritgneis. Der grobkörnige Schotter wird für den Wegebau genutzt. Er ist als Bodenbelag für die zahlreichen Wanderwege des Gebietes bestens geeignet.

Abb. 152. Moränenwälle am nördlichen Ausgang des Obertales sind von dichter Vegetation überdeckt. Hier wird die Natur zum Lebensraum.

Abb. 153. Durch den Eisrückzug ausgelöster periglazialer Schuttstrom an der Westseite des Tales, in einer Sackungsmasse (Buckelwiese) endend.

Abb. 154. *Nickelmuseum.*

Die Exkursionsroute öffnet nicht nur den Blick in eine beeindruckende Bergwelt, sondern führt auch in eine bewegte Vergangenheit zurück. Durch Jahrhunderte hindurch hat der Bergbau in den Schladminger Tauern seine Spuren hinterlassen.

Die Erzlagerstätten der Schladminger Tauern waren von größter Bedeutung für die wirtschaftliche Entwicklung des Gebietes. Das Zentrum der Bergbautätigkeit lag im Obertal. Drei Phasen sind für den Bergbau im Raum Schladming/Obertal zu unterscheiden: a) spätmittelalterliche, auf die Gewinnung von Silber und Kupfer gerichtete Bergbautätigkeit bis 1525; b) rückläufige Erträge und Versuche der Wiederbelebung des Bergbaues nach der Zerstörung der Stadt Schladming; c) Gewinnung von Kobalt- und Nickelerzen im 18. und 19. Jahrhundert. Im Jahr 1875 musste der Bergbaubetrieb eingestellt werden. Die fast 500-jährige Erzgewinnung fand damit ein Ende. Die Vererzung innerhalb des Schladminger Kristallins ist zumeist an Zonen ausgeprägter tektonischer Durchbewegung gebunden.

Mischwald aus vorwiegend Fichte und Ahorn, sowie zahlreiche Beerensträucher säumen den Weg entlang des Obertalbaches bis Hopfriesen (1040 m). Rechtsseitig breitet sich großflächig eine dicht bemooste Buckellandschaft aus ⑦. Der Hang westlich ober der Wehrhofalm besteht aus Granitgneis und einer Paragneislage. Der höchste Punkt des Weges liegt in 1126 Metern Seehöhe, 50 Meter über dem ebenen Talboden, der hier großflächig verlandet ist. Das Vorhandensein von ausreichend Wasser war für den Bergbau bzw. für die Aufbereitung der Erze unbedingt erforderlich – die Quelle des Wassers war hier der Obertalbach mit seinen Zuflüssen. Der 1840 im Zuge des Nickelabbaus errichtete Nickelschmelzofen in der Hopfriesen ist einzigartig im gesamten Ostalpenraum. Nach sorgfältiger Restaurierung wurde hier 2004 ein Nickelmuseum eröffnet ⑧. Der ehemalige Silber- und Bleibergbau Bromriesen (1200 m) am Talschluss des Obertales, kann nur unter sachkundiger Führung besichtigt werden. Nach Vereinbarung mit dem Tourismusverband Schladming-Rohrmoos können

Abb. 155. Markante Gesteinsaufschlüsse, silbrig glänzend, finden sich entlang des Obertalbaches zwischen Eschachboden und Wasserfallrinne.

Abb. 156. Blick vom Duisitzkarsee auf die Wasserfallrinne (Pfeil).

Interessierte an einer geführten Wanderung durch diesen ehemaligen Bergbau teilnehmen. Diese Tour dauert – einschließlich der Besichtigung des Schaustollens – ungefähr 4 Stunden.

Ein Moränenwall begrenzt das bislang relativ flach verlaufende Obertal. Vom Ausgangspunkt ⑤ über eine Strecke von ca. 10 Kilometern bis Hopfriesen beträgt der Höhenunterschied nur 60 Meter. Dieser Talabschnitt wird als erhalten gebliebener Teil eines ehemals zusammenhängenden, pleistozänen Talbodens südlich und nördlich der Enns in Höhenlagen um 1000 Meter interpretiert.

Bis zum Eschachboden (1208 m, ⑨) ist das Strömungsregime des Baches geprägt von einem Wechsel zwischen laminarem und turbulentem Fließen, wobei die Strömungsgeschwindigkeit eine Funktion des Gefälles und der Gerinnegeometrie ist.

Charakteristisch für den Weg zum Eschachboden sind nicht nur der Wechsel zwischen steilen und flacheren Passagen, sondern auch die zahlreichen kleinen Bäche auf der linken Seite, die von den zerklüfteten Felsen kommen. Der flache Talgrund des Eschachbodens wird als Sommerweide für Vieh genutzt.

Eine geologische Besonderheit ist eine schmale Schicht aus blassgrünem Lantschfeldquarzit, die sich von Hopfriesen bis in etwa Nordost des Eschachbodens erstreckt und in ca. 1800 Metern Höhe an der Wasserfallrinnen-Störung endet. Der Lantsch-

Abb. 157. Der Weg zur Quelle des Obertalbaches ist versperrt.

feldquarzit ist eine Formation der ostalpinen Trias. Seine Typlokalität ist das Lantschfeld in den zentralen Radstädter Tauern (Taurachtal in der Nähe von Tweng).

Die Erze des einstigen Silberbergbaus Eschach sind an seidenglänzende Serizitschiefer und Serizitquarzite gebunden. Auf der anderen Talseite ergießt sich durch eine steile Rinne der Abfluss des Duisitzkarsees. Dieser und einige andere Sturzbäche im südlichen Talschluss bilden gemeinsam die Quellflüsse (⑩) des Obertalbaches. Manche dieser Quellen können nur über Steilstufen und durch unwegsame Schluchten erreicht werden. Daher ist der Anstieg zu diesen Quellen geübten Alpinisten vorbehalten.

Die Kenntnis geologischer und landschaftsökologischer Zusammenhänge beeinflusst unser Denken und ist Voraussetzung für die nachhaltige Nutzung des Naturraums. Durch den behutsamen Umgang mit natürlichen Ressourcen, wie z. B. dem Wasser alpiner Quellflüsse, bleibt der naturnah bewirtschaftete Lebensraum auch für zukünftige Generationen erhalten.

Literatur

FRISCH, W., J. KUHLEMANN, I. DUNKL & B. SZÉKELY (2001): The Dachstein paleosurface and the Augenstein Formation in the Northern Calcareous Alps – a mosaic stone in the geomorphological evolution of the Eastern Alps. – Int. J. Earth Sciences, 90: 500–518.

HEJL, E. (1998): Über die känozoische Abkühlung und Denudation der Zentralalpen östlich der Hohen Tauern – eine Apatit-Spaltspurenanalyse. – Mitteilungen Österreichische Geologische Gesellschaft, 89: 179–199; Wien.

HEJL, E., M. ROCKENSCHAUB & P. SLAPANSKY (1987): Geochronologische Daten aus den Schladminger Tauern und ihre geologische Interpretation. – Arbeitstagung der Geologischen Bundesanstalt 1087, Blatt 127 Schladming; 94–103.

MATURA, A. (1987): Schladminger Kristallinkomplex. – Arbeitstagung der Geologischen Bundesanstalt 1087, Blatt 127 Schladming; 13–24.

WEISS, A. (1987): Zur Geschichte des Schladminger Bergbaues. – Arbeitstagung der Geologischen Bundesanstalt 1087, Blatt 127 Schladming; 118–123.

Autorinnen und Herausgeber

Autorinnen

SYLKE HILBERG war nach Geologie-Studium in Marburg und Salzburg für mehr als ein Jahrzehnt im Altlastenbereich, in Wasserversorgungsprojekten sowie als Fachexpertin im Rahmen von Umweltverträglichkeitsprüfungen tätig. Dabei wurde sie massiv vom »Virus Wasser« befallen und hat ihre Liebe zur Hydrogeologie entdeckt. Seit 2009 ist sie in Lehre und Forschung für Hydro- und Umweltgeologie an der Universität Salzburg tätig. E-Mail: sylke.hilberg@sbg.ac.at

MELANIE KEIL, Mag. DDr. rer. nat., Studium Geographie und Geologie an der Universität Salzburg. Forschungsschwerpunkt ist das Obere Ennstal.
E-Mail: melanie.keil2@sbg.ac.at, m.keil@schladming-net.at

SABINE KORNBERGER-SCHEUCH, MMMag., studierte Betriebswirtin, Soziologin und Psychologin. Seit 2012 Geschäftsführerin des Roten Kreuzes Salzburg. Begeisterte Wanderin, Bergsteigerin und Tourengeherin. Mutter zweier Kinder. E-Mail: sabine.kornberger@gmx.at

HILTRUD OMAN, Dr. phil., studierte Kunstgeschichte und Romanistik an den Universitäten Salzburg und Köln. Tätig als freie Kuratorin, Autorin, Künstler-Coach und -Nachlassbetreuerin. 1991–2007 Lehrtätigkeit für zeitgenössische Kunst, ab 1998 erste interdisziplinäre Projekte an der Universität Mozarteum Salzburg; 2001–2006 Executive Administrator World Future Council/Founder Jakob v. Uexküll; 2002–2011 Leitung Museum Sigl-Haus St. Georgen; seit 2004 Kuratorin Romanischer Keller Salzburg, seit 2013 Leitung »Stille Nacht Museum« Arnsdorf. E-Mail: oman@sbg.at

HANNA SCHANTL, Mag. Dr., Studium Lehramt Biologie und Umweltkunde und Doktorat Botanik an der Universität Innsbruck; 1972 bis 2010 Assistentin an der Universität Salzburg, von 1985 bis 2015 Leitung des Polleninformationsdienstes des Landes Salzburg. E-Mail: hanna.schantl@aon.at

HELMA SCHIMKE, Mag. arch. Ing., studierte an der Akademie der Bildenden Künste in Wien unter C. HOLZMEISTER Architektur und übte ihren Beruf lebenslang aus. Sie schrieb die Bücher »Auf steilen Wegen« und »Über allem der Berg« und liebt die Berge.

INGRID SCHLOR, Mag., Dr., hat klassische Archäologie in Salzburg studiert und an Forschungs-projekten in Bulgarien mitgearbeitet. Für das Museum Fronfeste in Neumarkt am Wallersee hat sie museumspädagogische Programme entwickelt und anfangs die Ausstellungen mitkonzipiert. Seit 2007 arbeitet sie als Waldpädagogin und war maßgeblich am Aufbau des Waldkindergartens Neumarkt am Wallersee beteiligt, der 2010 eröffnet wurde. Dort ist sie auch heute noch angestellt. E-Mail: ingrid.schlor@aon.at

CAROLA MARIE SCHMIDT, Mag., Studium der Kunstgeschichte an der Universität Wien; Erasmus-aufenthalt an der Uniwersytet Jagielloński, Krakau; Studienaufenthalte in Arezzo, Triest und London. Geschäftsführerin des Kulturvereins Blaues Fenster (www.blauesfenster.at), freie Kuratorin, Kunstvermittlerin im Domquartier Salzburg, Kirchenführerin. E-Mail: schmidt.carola@gmail.com

INGRID SPITZBART, seit 1988 Kustodin und Direktorin der »Kammerhof Museen Gmunden«, zahl-reiche Ausstellungen und Publikationen zu lokalgeschichtlichen Themen, zur Musik- und Thea-tergeschichte Gmundens sowie zum Weihnachts- und Krippenbrauchtum des Salzkammerguts. E-Mail: ingrid.spitzbart@gmunden.ooe.gv.at

MARIA WIMMER, zertifizierte Natur- und Landschaftsführerin, ausgebildete Moorführerin in Eggels-berg. E-Mail: natur@seelentium.at, www.moor-ausflug.at

EVA WIMMER-LIKO, Dr.vet.med., Studium der Veterinärmedizin. Seit 1988 Tierärztin in einer Ge-meinschaftspraxis in Mattsee. Seit 2009 Fachtierärztin für Fische mit Schwerpunkt Nutzfische. Mutter zweier Söhne. E-Mail: dr.eva.wimmer@sbg.at

BARBARA WOLF-WICHA, Dr[in] phil., Habilitation (1985), Ao. Univ.-Prof[in] im Fachbereich Politikwissenschaft der Universität Salzburg, i. R. seit Ende 2008; Journalistin, Politikberaterin, Diplomatin (Konsulin für Presse, Kultur und Wissenschaft 1991–1997 in Berlin), Autorin, Herausgeberin der Marie Jahoda sozialwissenschaftliche Studien, P.-Lang-Verlag. Sonstiges: Vorsitzende »Frau und Arbeit«, Rotary Club Salzburg-Land, Verein »Einstieg« und »START«.
E-Mail: bww@sbg.at, www.barbara-wolf-wicha.at.

Herausgeber

EWALD HEJL, Dr. phil., ist Privatdozent für Geologie. Als selbständiger Geologe ist er in der Kohlenwasserstoffexploration und im Tunnelbau tätig. Seine Forschungsschwerpunkte liegen in der geologischen Altersdatierung (Geochronologie) und Geomorphologie sowie in der regionalen Geologie der Ostalpen, der Ägäis und Anatoliens. E-Mail: ewald.hejl@sbg.ac.at

HORST IBETSBERGER, Mag. Dr. rer. nat., ist als Geograph Geschäftsführer der Firma GeoGlobe, die sich schwerpunktmäßig mit der Konzeption und Umsetzung geo- und ökotouristischer Projekte beschäftigt, und Lektor für Glazialmorphologie im Fachbereich Geographie und Geologie an der Universität Salzburg. E-Mail: horst.ibetsberger@geoglobe.at; www.geoglobe.at

HANS STEYRER, Ass. Univ.-Prof., Dr. phil., studierte Bergbau an der Montanuniversität Leoben und Geologie an der Universität Salzburg und ist am Fachbereich Geographie und Geologie der Universität Salzburg tätig, wo er das Analoglabor leitet. Er ist Autor zahlreicher Exkursionsführer und stellte mehrere Reiseführer zusammen. E-Mail: hans-peter.steyrer@sbg.ac.at

Verzeichnis der im Buch genannten geografischen Namen

Abbildungsnachweis

Natur- und Kulturerlebnisführer
der Universität Salzburg

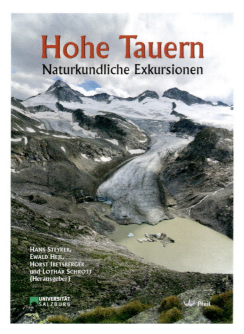

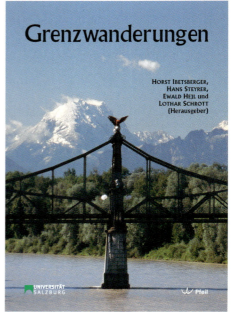

Band 2

Hohe Tauern
Naturkundliche Exkursionen

HANS STEYRER, EWALD HEJL, HORST
IBETSBERGER und LOTHAR SCHROTT
(Herausgeber)

160 Seiten, 120 Farb- und 4 Schwarzweißabbildungen, 19 farbige topografische
und geologische Karten, 5 Tabellen
21,0 × 14,8 cm – Paperback
ISBN 978-3-89937-135-2
15,40 € (D) – 15,80 € (A)

Band 3

Grenzwanderungen

HORST IBETSBERGER, HANS STEYRER,
EWALD HEJL und LOTHAR SCHROTT
(Herausgeber)

168 Seiten,
124 Farb- und 27 Schwarzweißabbildungen,
17 farbige Routenkarten
21,0 × 14,8 cm – Paperback
ISBN 978-3-89937-164-2
15,40 € (D) – 15,80 € (A)

Verlag Dr. Friedrich Pfeil
Wolfratshauser Straße 27, 81379 München
Tel.: +49 (0)89 742827-0 – Fax: +49 (0)89 7242772
E-Mail: info@pfeil-verlag.de
Weitere Informationen zu diesen und anderen Büchern unter
www.pfeil-verlag.de